連合新書
23

ものがたり 現代労働運動史3
1999～2009

格差拡大から「反転」への予兆

高木郁朗 著
（公社）教育文化協会 協力

明石書店

目　次

まえがき

　「わが亡きあとに洪水は来たれ」。これは、K・マルクスの『資本論』にも引用されている言葉で、多くの人びとに大変な事態が起きるにしても、それは自分が亡くなったあとにしてくれ、という意味である。もともとは、フランスのルイ15世の愛人であったポンパドゥール夫人が、そんな贅沢ばかりをしているといまに革命が起きてしまうよ、という忠告に対して答えた言葉だったとされている。

　しかし、2022年の現在、あとわずかな生存しか残されていない自分を含めて、日本、それに地球全体の人びとは、「わが亡きあと」などと、うそぶいてはいられない事態に直面している。ロシアによるウクライナ侵略やコロナ禍は、むろんのことであるが、気候の大変動にみられる自然破壊もそのような状態を深刻に示している。

　日本に関していえば、世界を襲うこれらの事態に加えて日々に悪化する経済と生活という問題がある。1990年代の初期にはドル換算で1人当たりGDPの額は世界のトップにあったが、いまではOECD加盟諸国のなかで30位前後の下位にまで落ちこんでしまった。生活の面をみても、家計所得が実質最大を記録したのは1997年のことで、今日、25年前の水準に回復すらしていない。政府はいぜんとして日本が経済大国であるかのように振る舞っているが、国際的評価でも、日本国内で経済に関心がある人びとのあいだでも「安い国・日本」としての評価が定まりつつある。この場合、「安い」という用語が「貧困」と隣り合わせになっていることは、さまざまな統計が立証している。

　どうしてこのような状態に陥ってしまったのか。それは歴史的にどのようなプロセスで進行していったのか。『ものがたり現代労働運動史』の第3巻にあたる本書の背景にはこのような問題意識があ

る。さらにそうした問題意識のなかには、労働運動がこのようなプロセスにどのような役割を果たしたのか、あるいは果たさなかったのか、とする論点が中心にある。

　本書は、1999年から2009年に及ぶ約10年間を対象としている。その期間の多くが小泉政権の時代であり、その前後を含めて、いわゆる「構造改革」の時代であった。この「構造改革」の時代こそ、現在の日本をいわば世界の「遅れた国」にしてしまったのではないか、というのが本書の基本的認識である。そのような変化には、グローバリゼーションの展開や産業構造の変化に示される一国的には処理しがたい展開が含まれていたが、それにどのように対処するかの多くは一国の政策の課題であり、この時期に適切な政策展開が行われなかったことこそ、「遅れた日本」をつくってしまったのではないか。

　くりかえしていえば、このような展開の過程で、労働運動がどのような役割を果たしたのか、あるいは果たさなかった、ということが本書全体を通ずる問題意識である。結論を先にいえば、従来から日本の労働組合の中心となってきた連合傘下の労働組合はその本来の役割を十分に発揮しえなかった反面、これまで労働運動のなかでは中枢的とはいえなかった労働者層が登場し、その課題を解決するために連合なども積極的に対応した、という二重性をもっていた、というのが、「ものがたり」としての本書全体をつなげるストーリーである。

　労働組合の在来の任務・課題を内向とよび、在来では縁遠かった人びとや課題を外延と名付けるとすれば、この重大な変革の時期に、労働運動は、内向部分では成功をおさめたとはいえず、外延部分については一定の前進がみられた、ということである。具体的な例をあげれば、内向部分では賃金の引き上げ、外延部分ではたとえば非正規労働者の組織化といったことを想定していただいてよい。労働組合における政治との関係を、内向と外延のいずれで考えるか

は大きな問題であるが、この時期に関しては、外延部分の展開として位置づけている。さまざまな要素を含めて外延部分については前進がみられたが、それが十分なものであったわけではないことは、本文をみていただければわかる。この外延部分を含めてのあり方がどのように展開するかは、本書以降の課題となる。

　大事なことは、この時期の労働運動が全体として、大きな問題点に直面していた。それはマクロとミクロの関係といえる。あえていえば外延はマクロで内向はミクロということになる。この時期には、労働組合の主力である大企業、中堅企業においては、経済情勢の悪化のもとで、かりに賃金の切り下げが進行しようとも、雇用をまもることがそれぞれの企業の労働組合の任務と考えられた。それはミクロあるいは内向のレベルで合理的であったとしても、マクロ経済のレベルでは経済活動をさらに悪化し、国民経済全体のなかでは失業の増大、パート・派遣労働者の拡大などをもたらした。

　本書では第1巻、第2巻とともにこの「ものがたり」の主役は連合である。構成する産別組織の連合体であるばかりでなく、日本の労働者全体のナショナルセンターとしての連合がこのような重大な時期に、どんな活動を展開したかを基軸として「ものがたり」は進行する。その活動が、現在に至るまでの時点で、どのような結果をもたらしているかについては、この本を読んでいただく方々にお任せするほかはないが、筆者としては、「わが亡き前」に、災害がきてしまっている状況の、けっして少なくない責任が連合にあったという思いで、「ものがたり」を書いている。

　最後になるが読者のみなさんには、本書の刊行が予定より1年以上も遅延してしまったことに深くお詫びを申し上げなければならない。遅延の理由の主たる部分は、筆者の健康状態にあったが、同時に、まだ評価が定まっていないごく近い時代の労働運動の歴史として残しておくべき内容の選択とその表現にかなりの苦痛をともなっ

ていたことも一因である。

　いつものことながら、この「ものがたり」は、関係する文献以外に多くの人びとからの聴き取りに依拠している。これらの人びとに改めて感謝の意を表したい。筆者としては「ものがたり」が1つの気運になって、現在の労働運動、とくに連合のあり方について活発な論議が起きることを心から期待している。

　2022 年 6 月

　　　　　　　　　　　　　　　　　　　高 木 郁 朗

　本書の著者高木郁朗先生は、2022 年 9 月 23 日にご逝去されました。心よりご冥福をお祈りいたします。

　本書は、先生がご執筆された第 1 章〜第 6 章に、教育文化協会事務局の編集により、2009 年の政権交代に至るまでを記した終章を加えています。また、巻末には朝日新聞デジタルに掲載された高木先生インタビュー記事「連合よ、いまこそ労働者を見よ」を転載しています。

第 1 章 │ 厳しい雇用情勢のもとでの労働組合

1年10カ月ぶりに実施された政労会見（2001年8月27日）

年表

1999.10.5	小渕内閣発足
10.14〜15	連合第6回定期大会
11.25	連合笹森事務局長、改正年金法強行採決に反対し公聴会から退席
12.20	政府、政労会見拒否
2000.1.5	連合、新年交歓会で「連合21世紀宣言」発表
1.7	ゼンセン同盟介護クラフトユニオン結成
3.4	春闘賃上げで金属労協など集中回答

【概要】

　本章では、1999年末から2001年にかけての時期を取り扱う。経済面ではこの時期からつぎの時期にかけてひどい状態であった。バブル崩壊後の金融機関の危機状態に加え、アジア通貨危機の発生で、金融機関の破綻があいついだ。製造業など他の一般企業でも企業業績は悪化し、経済成長は、ゼロ近辺に停滞した。こうした経済情勢のもとで、多くの企業で雇用が悪化した。新規採用の停止による従業員の減少は広範に行われ、多くの新卒学生は就職の場を失い、就職氷河期の到来とうたわれた。正規従業員の減少の反面、パートや派遣労働者など、非正規雇用比率の増大も進行した。これまで、労働組合の中核的な位置を占めてきた製造業では、グローバリゼーションの名のもとでの工場などの海外進出によっても、雇用情勢の悪化が顕著に進行した。連合は、職業紹介と、ルールの整った労働者派遣事業を目的として株式会社ワークネットを創設するなどの活動を展開したが、あまり大きな効果をあげることはできなかった。

　こうした情勢のもとで、1999年10月の大会で再選された連合の鷲尾・笹森執行部は、2000年1月、「連合21世紀宣言」を発表した。同宣言は、これからのあるべき社会の目標を「労働を中心とした福祉型社会」として位置づけた。その内容は「ヒューマンな労働と生活の枠組みづくりをすすめる」ものとしており、ILOが強調するようになったディーセントワークの方向性とも一致していた。

　連合をはじめとする各労働組合は、こうした情勢にどのように対応するかが迫られていた。その1つは組織面で、連年低下する労働組合の組

織率への対応だった。この面では、コミュニティ・ユニオンのような個人加盟型の労働組合の成立が大きな役割を果たした。のちに主要なコミュニティ・ユニオンが加盟する全国ユニオンは連合に加盟した。もう 1 つは、成長する新しい分野での組織化で、その典型は、ゼンセン同盟が設立した介護クラフトユニオンだった。こうした組織化は、労働組合のあり方に積極的な意義をもったが、全体としての組織率の低下に歯止めをかけるまでには至らなかった。

　2000 年と 2001 年の賃上げ闘争では、連合と傘下の産別組織は、いわゆる定期昇給分を維持したうえ、一定のベースアップ分を確保することを目標にかかげた。しかし、企業側との交渉では、雇用問題が優先され、両年の春闘では、主要企業での定期昇給込みの賃上げ率が年々低下するという傾向を逆転させることはできず、ほぼ 2% とされる定期昇給分を除くと、ベースアップはほんのわずかにとどまった。大企業と中小企業のあいだの賃金格差はさらに拡大し、非正規化の波もかさなって、勤労者世帯の実収入は 1998 年以降、顕著に低下した。賃金制度の面でも、年功型から職務職階型への移行が続き、従業員の将来の見通しに大きな障害が生まれることとなった。

　連合の春季生活闘争の制度面で、もっとも大きな課題とされたのは、年金問題だった。政府は、年金財政の悪化に歯止めをかけるため、受給開始年齢の 60 歳から 65 歳への引き上げを中心とする年金制度の改定案を国会に提出していた。連合は、強力な反対運動を組織し、国会では野党の反対を押し切って強行採決を行おうとした当日には、公聴会に公述人として出席していた笹森事務局長が退席し、大きな注目をあびた。一方で自民党はこれを恨みとして、組合費のチェックオフ法案の国会提出などの脅しをかけ、小泉内閣成立までのあいだ、連合と自民党のあいだでは険悪な関係が続いた。

　連合は、従来、「政権交代可能な二大政党的体制」の確立をめざしていたが、自民党に対抗する政党としては民主党であるとした。自自政権に参加するなど、政界に重要な影響を与えてきた小沢一郎代表の自由党は、連

立政権から離脱し、民主党と合併して、総選挙をつうじて民主党が大きく議席をのばし、政権交代への期待は高まった。

1. 経営側の大攻勢

◇「失われた10年」

　新しいミレニアムを前にして、連合は1999年10月の大会で「労働を中心とした福祉型社会」の基調をかかげて新しい活動を展開しようとしていた。その連合の前には、政治面でも経済面でも、厳しい情勢が待ち構えていた。

　政治面では、1999年1月に、財政緊縮政策をかかげて経済活動を萎縮させた橋本龍太郎内閣に代わって小渕恵三内閣が発足した。この内閣は最初の段階では自民党単独内閣としてスタートしたが、その後、小沢一郎代表の自由党を加えて自自政権となり、さらにその後公明党が加わって自自公政権となった（第2巻199～201ページ参照）が、2000年4月には、自由党が離脱して、一時は自由党から分裂した保守党が政権に参加（自公保政権）したりしたが、実質的には自公連立内閣となった。この直後、小渕首相は発病し、代わって2000年4月に森喜朗内閣が成立した。同政権では、実質的に自公連立政権がそのまま維持され、その仕組みは、2009年以降の民主党政権の時代を除いて長く続くことになる。

　小渕内閣のもとでは、自民党は、笹森連合事務局長が年金をめぐる衆議院の厚生委員会の公聴会から退席した（第2巻221ページ参照）ことを理由に、連合に厳しい態度をとった。連合発足以来長く続いてきた政労会見は行われなくなり、組合費のチェックオフを法律で禁止する動きも強まったりした。チェックオフ禁止については3月末に自民党が法案を発表し、議員立法のかたちをとって国会に提出された。明らかに連合に対する脅迫だった。連合など、労働組合はこれに対して強い抗議活動を行った。けっきょく同法案は、審議に

はいらないまま、廃案とされた。

　小渕内閣から森内閣にかけては、労働者にかかわるいくつかの法律が、つぎつぎと成立していた。まず前年から、大きな争点となっていた年金改正法が強行採決された。その主な内容は、報酬比例部分の支給開始年齢を 2025 年までに 65 歳まで引き上げる、年金額のスライド方式を改定し、年金を受給している人の賃金スライドをとりやめ、物価スライドに限定する、一時金などにも保険料を賦課する総報酬制を導入する、などであった。連合は同法案成立直後に抗議の声明をだした。

　5 月には労働契約承継法が成立した。この法律は法制審議会で、商法に会社分割制度を入れる審議の際に、雇用契約の承継をめぐって労働側（連合）の反対で審議がストップしたことから、労働法制として検討することになったものである。労働契約承継法はこうした動きに対応するものとされた。議論になったのは分割する会社に雇用が引き継がれるか、分割後に残る会社に残留するか、だれがどのように判断するか、労働協約の承継がどうなるかなどであった。会社分割の労使関係上の協議手続きは、国会の審議を通じて修正され、連合の主張が反映された。連合は、赤字を抱えての分割には反対であったが、その点は法律に盛り込むことができなかった。

　森内閣になって 6 月に実施された総選挙では、連合が全面的に支援した民主党が 95 議席から 127 議席へと躍進した。これには、同党の大都市部での健闘が大きく反映していた。これは小渕、森政権への有権者の批判票を吸収したものであった。他方、自民、公明、保守 3 党は合わせて 59 議席を減少させたが、国会での安定多数は維持した。

　小渕内閣は、橋本前内閣の財政緊縮政策を一転して、財政拡張型の景気対策をうちだしていた。この政策によっていったんは、景気の先行きに明かりがみえたかに思われた。しかし、実際には、1998 年の経済成長率がマイナス 2.1% であったのに対して、1999 年には

マイナス 1.5% とマイナスが続き、2000 年には 1% とわずかにプラスになったものの、2001 年には、アメリカで発生した IT 不況の影響も受けてふたたび 0.8% のマイナスに転じていた。その後、1% 程度の一時的なわずかな上昇を示す年はあっても、実質的にはゼロまたはマイナス成長の時代が続いていくことになる。当時流行した用語でいえば、この時期はまさに「失われた 10 年」ということになるが、その後の事態を考えれば、「失われた 20 年」、あるいは「失われた 30 年」と呼ぶべき時代に入っていたことになる。

　さしあたって「失われた 10 年」に限定してみると、ゼロまたはマイナス成長下にあって、もっとも厳しい状況にさらされたのは労働者だった。国民経済計算をみると、1998 年度の名目雇用者報酬は 2.2% のマイナスで、マイナス幅は GDP の減少率よりも大きかった。2000 年度になると、名目雇用者報酬は 0.4% とわずかながらプラスに転じたものの、GDP 上昇率 0.8% には及ばなかった。同様の傾向は 2001 年度も継続し、名目雇用者報酬の低下幅は 1.3% に達した。結果として、労働分配率が低下して、国民経済に占める労働者側の地位が悪化した。雇用の面でも正規労働者が最大多数であったのは 1997 年で、それ以降は減少して、その代替としての非正規労働者が増加していくことになる。

コラム　バブル崩壊以降の経済成長率

　統計表は、バブルの頂点にあった 1990 年度を基準として 2010 年まで日本経済の概要を示している。数値はすべて名目で、このうち、労働分配率は、名目雇用者報酬の GDP 総額に占める比率を試算したものである。

　表が示す通り、バブル期のあと、1990 年代後半の時期までは経済成長はわずかながら続いたが、1998 年以降はマイナスとなり、2003 年から 2007 年まではわずかにプラスに転ずるが、リーマン・ショックの影響を受けた 2008 ～ 2009 年には大幅なマイナスとなった。GDP の実額

でみると、2000年に511兆円あったGDPは2010年には480兆円と減少していた。同じ期間に国民一人当たりGDPは402万円から375万円に低下した。あとから考えればこれは「安い日本」のはじまりだった。

国内総生産（GDP）

年度	名目GDP		名目雇用者報酬		一人当たりGDP	一人当たり雇用者報酬	労働分配率
	総　額	前年度比	総　額	前年度比			
	10億円	%	10億円	%	千円	前年度比　%	
1990	457,436	8.6	231,262	8.4	3,655	4.6	50.6
1991	479,640	4.9	248,311	7.4	3,818	4.1	51.8
1992	489,411	2	254,844	2.6	3,883	0.5	52.1
1993	488,755	-0.1	260,724	2.3	3,865	0.9	53.3
1994	495,612	1.4	265,567	1.9	3,958	1.3	53.6
1995	504,594	1.8	270,188	1.7	4,021	1	53.5
1996	515,944	2.2	274,129	1.5	4,101	0.2	53.1
1997	521,295	1	278,996	1.8	4,133	0.9	53.5
1998	510,919	-2	272,938	-2.2	4,041	-1.5	53.4
1999	506,599	-0.8	268,002	-1.8	4,000	-1.3	52.9
2000	510,835	0.8	269,159	0.4	4,025	-0.4	52.7
2001	501,711	-1.8	265,692	-1.3	3,944	-1	53.0
2002	498,009	-0.7	258,088	-2.9	3,909	-2.4	51.8
2003	501,889	0.8	252,787	-2.1	3,931	-2.2	50.4
2004	502,761	0.2	252,159	-0.2	3,936	-0.5	50.2
2005	505,349	0.5	254,064	0.8	3,956	-0.5	50.3
2006	509,106	0.7	255,748	0.7	3,981	-0.7	50.2
2007	513,023	0.8	255,640	0	4,008	-0.9	49.8
2008	489,520	-4.6	254,280	-0.5	3,822	-0.6	51.9
2009	473,934	-3.2	242,981	-4.4	3,701	-3.5	51.3
2010	480,233	1.3	243,952	0.4	3,750	0	50.8

　10年間の変化のなかで、特徴的だったのは、GDPを構成するもっと

も重要な要素である雇用者報酬の減少であった。雇用者報酬は、GDP全体がわずかにプラスとなった時期にも減少を続け、2000年の段階で約53%あった労働分配率は2010年には約51%に低下した。もっとも低かった2007年では50%を割り込んだ。

◇**就業・雇用状況の変化**

　労働者の地位の劣化の原因は、日本経済の停滞にともなう雇用状況の悪化とそれを背景とする賃金の低下にあった。バブルの頂点にあった1990年の完全失業者数、失業率は134万人、2.1%であったが、1999年に317万人、4.7%、2000年には320万人、4.7%、2001年には340万人、5.0%と危機的水準に増加していた。就業者数全体でも、自営業者の廃業なども反映して、2000年と2001年には減少した。しかし、その間、パートや派遣労働者は増大した。正規労働者数の頂点は1997年で、それ以降は着実に減少した。

コラム　2000年代初頭の就業・雇用構造の変化①

　この表では、1990年から2010年までの就業状態別15歳以上人口の推移を示している。2002年分をとくに掲載しているのは、同年の完全失業率がもっとも高くなった年であるからである。

　表が示すように、1990年から2010年までの15歳以上人口は約1000万人増加した。就業者数と失業者を合わせた労働力人口はこの20年間では約250万人増加した。この増加は1990年から2000年までのことで、2000年から2010年までのあいだでは約130万人減少している。この減少には、高齢化と経済環境の影響による自営業者や家族従業者の引退、それに若年層の高学歴化の3つの要素がかかわっていた。

　労働力人口のなかではやはり2000年代に就業者が150万人減少した。これは、失業者の増加によるもので、失業率は1990年の2.1%から2002年の5.4%まで増加し、2010年では5.1%となっていた。失業率の男女別では1990年には女性の方がわずかに高かったが、2000年

代には男性の方が高くなる傾向をみせた。

　男女別では、女性の労働力人口は 20 年間に約 190 万人増加したが、男性は約 60 万人にとどまった。就業者数は男性では 2000 年以降 170 万人減少したが、女性はわずかながら増加した。1990 年を基準とする労働力人口比率は、男性では約 6% 低下し、女性では約 2% 程度の低下となり、労働力人口比率の男女差は縮小する傾向をみせたが、いぜんとして、男性が 59.6%、女性が 48.5% と大きな差が残された。

長期時系列表　就業状態別 15 歳以上人口－全国

年	男女計 （万人）	労働力 人口（万 人）	就業者 （万人）	完全 失業者 （万人）	労働力 人口比率 （%）	就業率 （%）	完全 失業率 （%）
1990	10089	6384	6249	134	63.3	61.9	2.1
2000	10836	6766	6446	320	62.4	59.5	4.7
2002	10927	6689	6330	359	61.2	57.9	5.4
2010	11111	6632	6298	334	59.6	56.6	5.1
男性							
1990	4911	3791	3713	77	77.2	75.6	2.0
2000	5253	4014	3817	196	76.4	72.7	4.9
2002	5294	3956	3736	219	74.7	70.6	5.5
2010	5365	3850	3643	207	71.6	67.7	5.4
女性							
1990	5178	2593	2536	57	50.1	49.0	2.2
2000	5583	2753	2629	123	49.3	47.1	4.5
2002	5632	2733	2594	140	48.5	46.1	5.1
2010	5746	2783	2656	128	48.5	46.3	4.6

コラム　2000 年代初頭の就業・雇用構造の変化②

従業上の地位別就業者数の推移

　ここでは従業上の地位別就業者数、つまり自営業者、家族従業者、雇用者の状況についてみることにする。この面でも 1990 年代と 2000

年代に大きな変化があったことを表が示している。3つの分類のうち、20年間に自営業主と家族従業者はそれぞれ約300万人超減少した。男女別にみると、この傾向は女性に圧倒的に大きく現れ、自営業主ではほぼ2分の1、家族従業者では約3分の1が姿を消した。

この場合、自営業主や家族従業者といえば、従来は、農業からの離脱を示すものであったが、1990年からの減少ではすでに進行していた農業ではなく、卸・小売業の分野で進行していた事実に注目する必要がある。

代わって雇用者が増加した。20年間で雇用者は約660万人増加した。計算上は自営業主と家族従業者が減少した分を雇用者の増加がそっくり埋め合わせたことになる。結果として就業者に占める雇用者比率は上昇し、1990年時点では約77%だったものが2010年には87%強となった。ここでも女性の変化はより大きく、雇用者比率は1990年の72.3%から2010年の88.2%へと上昇して、男性を上回るようになった。

こうした変化は、日本が、雇用者のなかでの女性の比率を上昇させつつ、圧倒的な雇用者社会に変貌したことを示している。ただし別のコラムが示すように、増大する雇用者のなかでは、これまでとは異なる構造的な変化が示されていた。

従業上の地位別就業者数の推移（万人）

年	総数	自営業主	家族従業者	雇用者	臨時雇用	雇用者比率(%)
男女計						
1990	6249	878	517	4835	393	77.4
2000	6446	731	340	5356	552	83.1
2010	6298	582	190	5500	656	87.3
男						
1990	3713	607	93	3001	108	80.8
2000	3817	527	63	3216	169	84.3
2010	3643	436	34	3159	223	86.7

女						
1990	2536	271	424	1834	286	72.3
2000	2629	204	278	2140	383	81.4
2010	2656	146	156	2342	434	88.2

コラム　2000年代初頭の就業・雇用構造の変化③

産業別就業者数の変化

　1990年代から2000年代にかけては産業別の就業者数の変化も大きかった。就業者の産業別動向については2002年と2010年に政府統計の産業分類に大きな改定が行われたため、3つの表にわけて掲載している。このうち、最後の表はサービス産業の内容の変化のみを示している。

　1990年代から2000年代にかけての産業別の就業者の変化の方向は明確であった。まず農林水産業を中心とする第1次産業の比率は1990年代までに大きく低下していたが、1990年代と2000年代にはさらに漸減した。もっとも大きな変化は、1990年代はじめには、製造業と建設業を含む第2次産業の雇用者が減少し、それにかわって卸・小売業やサービス業を中心とする第3次産業が雇用者のなかで圧倒的な比率を占めるようになったということである。就業構造の第3次産業化の傾向はすでに1980年代までに明確となっていたが、1990年代から2000年代にかけては、製造業と建設業の就業者の減少をともないつつ、その傾向が進展したことに特徴があった。

　第3次産業のなかでも大きな変化があった。1990年代はじめには、第3次産業のなかでは、卸・小売業が大きな比重を占めていたが、2000年の段階では、サービス業の伸びが大きく、さらに2000年代にはいると、卸・小売業は停滞ないしは減少の傾向をみせはじめ、医療・福祉関連を中心にサービス業分野はさらに大きな伸びをみせた。また、

従来の統計分類では運輸・通信業と一括されていたものが 2002 年の改定では情報通信業と運輸業に二分化された。このうち情報通信業は、2000 年代には大幅な伸びをみせ、これもサービス産業の一翼とみると、就業構造のサービス産業化ともいうべき現象が情報化の進展と並行して展開したことになる。卸・小売業を加えた第 3 次産業全体で就業者の約 4 分の 3 を占めるようになった。

　製造業と比較すると、サービス産業は労働組合の組織化が遅れている分野であり、製造業中心の産業構造からサービス業中心の就業者構造の展開は、労働組合組織率の低下の有力な要素の 1 つとなった。

産業別就業者数―全国（万人）

	総数 （男女計）	農林業	建設業	製造業	運輸・ 通信業	卸売・ 小売業、 飲食店	金融・ 保険業、 不動産業
1990	6249	411	588	1505	375	1415	259
2000	6446	297	653	1321	414	1474	248
2001	6412	286	632	1284	407	1473	240
2002	6330	268	618	1222	401	1438	241

	総数（男女計）	農林業	建設業	製造業	情報通信業	運輸業	卸売・小売業	金融・保険業	飲食店・宿泊業	医療・福祉	教育・学習支援業	複合サービス事業	サービス業（他に分類されないもの）	公務（他に分類されないもの）
2002	6330	268	618	1202	159	324	1145	169	358	474	282	76	844	217
2009	6282	242	517	1073	213	326	1097	165	338	621	291	53	923	222

サービス産業の内容変化（万人）

	教育・学習支援業	複合サービス事業	学術研究・専門的技術サービス業	生活関連サービス業・娯楽業	サービス業（他に分類されないもの）
2002	282	76	—	—	844
2010	288	—	198	239	455

コラム　2000年代初頭の就業・雇用構造の変化④

正規・非正規別雇用者数の変化

　1990年代から2000年代にかけては、非正規労働者の増加が著しかった。ここで正規労働者というのは、当該企業に期限の定めなく直接に雇用され、所定労働時間で勤務する従業員のことをいい、それ以外の労働者、短時間雇用のパート、雇用契約期間のある嘱託、間接雇用の派遣労働者などは非正規労働者ということになる。これ以外にも、実態は雇用労働でありながら、形式上は業務委託契約で働く、いわば疑似労働者もさまざまな分野で登場するようになった。

　表は1990年から2010年までの正規労働者と非正規労働者の増減を示している。これをみると、この時期にはすさまじい非正規労働者の増加があったことがわかる。この20年間では役員を除く雇用者は全体で約730万人増加しているが、正規の職員・従業員は約110万人減少している。非正規労働者の比率は1990年には約20%だったが、2010年には全体の3分の1を超えた。とくに女性の多いパートでは女性雇用者の40%を超え、まもなく過半数に達しようとしていた。

　派遣労働者は2000年から2005年のあいだに急増した。ここには、すでにネガティブリスト化されていた派遣業務のなかで、製造業の製造現場での派遣労働者の就業が派遣法の改正のもとで急速に進行したためだった。ここには2006〜2009年の数値は示されていないが、この期間にいったん派遣労働者数は減少する。2005年に対して2010年

の数値が微増にとどまっているのはこのためである。これはリーマン・ショック後の不況期における激しい派遣切りの結果である。

2000年代にはもう1つ、契約・嘱託型の非正規労働者の急増がみられたのが特徴である。ここでの増加の多くは男性の高齢者で、従来、60歳の定年年齢をもっていた企業で、年金受給開始年齢の引き上げとともに、60歳でいったん退職させ、そのあと1年などという雇用契約期間を定めて、定年延長の代わりにするというケースが増加したためであった。これは、終身雇用制度などとよばれてきたものの内容上の変化を示すものであった。

正規労働者数が増加から減少に転ずるのは1998年であり、この時期を転機として正規労働者から非正規労働者への代替が進んでいくことになる。

	従業員数(万人)						割合(%)	
	役員を除く雇用者	正規の職員・従業員	非正規の職員・従業員	パート・アルバイト	労働者派遣事業所の派遣社員	契約・嘱託など	正規の職員・従業員の割合	非正規の職員・従業員の割合
1990	4369	3488	881	710	-	171	79.8	20.2
1995	4780	3779	1001	825	-	178	79.1	20.9
2000	4903	3630	1273	1078	33	161	74	26.0
2005	4923	3333	1591	1095	95	401	67.7	32.3
2010	5095	3381	1714	1154	98	463	66.3	33.7

◇個別企業レベルのリストラ

このような就業・失業状況にはあらゆる産業における個別企業レベルのすさまじいリストラが反映していた。

これらのリストラのうち、関係する人員数がもっとも多かったのはNTTグループだった。当初、全国一社体制で民営化がスタートしたNTTは、1999年に、持株会社のもとに東西2社とNTTコミュニケーションズに分割されていた。ドコモはこれとは別にグループ会社と位置づけられていた。

　1999 年 11 月、NTT の持株会社は、2001 年 4 月に開始する中期
経営改善施策の内容を発表した。背景には、分割後の東西 2 社の経
営状況が予想を上回って悪化していたことがあった。実際に、2001
年 9 月期決算では、NTT 西が赤字に転落した。こうしたなかで、
2002 年度中に完了する計画の中心となったのは、東西 2 社、とく
に西の人員削減であった。すでに事業会社の東西分割のあと、退職
不補充などによって約 2 万人が削減されていたが、中期施策では、
業務のアウトソーシング会社への移行により、希望退職募集のほ
か、東西 2 社の人員の約半数がアウトソーシング会社に移籍すると
いうのが最初の会社側の計画だった。とくに 51 歳以上の社員につ
いては原則として全員がいったん退職して、子会社へ再就職するこ
ととされていた。この場合賃金は 15 ～ 30% 程度減額されることと
なっていた。退職する場合には、現在の勤務場所の近辺での勤務と
65 歳までの在職が保障されるが、そうでない場合には、各地方に
ある現在の事業拠点を 3 分の 1 に減らして、拠点都市に集約し、社
員は東西各社のどこにでも転勤させ、退職年齢は 60 歳とする、と
いう内容ももっていた。経営状況がより厳しい西の場合には、永年
地域に暮らしの拠点を築いてきた 50 歳以上の社員には、北陸から
九州にいたる広域の転勤は不可能で、退職・再雇用の道を選ぶ外は
ない仕組みが準備されていた。この計画の進行の結果、51 歳以上
の退職・再就職者数は約 4 万人に達するものと見込まれた。

　NTT 労組は、2001 年 8 月の大会で、グループ各社から提案され
た「構造改革にむけた取り組み」については、「現実的判断として
雇用確保に不可避との考えにたつ」として、その結果生ずる組合員
の痛みが限界をこえるようにはさせないよう交渉を強化する、とい
う内容の方針を決定した。具体的には、退職・再雇用にともなう所
定内賃金の減額分は 100% 保証する、諸手当の廃止などについては
経過措置を設ける、アウトソーシング会社の具体的労働条件につい
ては NTT グループの賃金水準を考慮する、などであった。このよ

うな方針にもとづく、交渉の結果、賃金減額措置についての激変緩和措置を設けるなどの部分的な修正は実現したものの、大筋では、会社側の提案が実行された。

電機産業における各社の人員削減計画も大きかった。2000年段階では、東芝が1万7000人を削減する計画を発表したのをはじめ、日立（1万1000人）、松下（8000人）、富士通（5500人）、NEC（同）、沖電気（2200人）などがそれであった。これは、それぞれの企業が海外展開をはかったため国内工場では製造部門での縮小が進行したほか、それまで、電機メーカーの業績を支えてきたIT部門が、いわゆるIT不況にさらされた結果の影響も受けた。松下電器など大手企業では、国内での人員削減をはかる一方で、対中国など、海外投資を強化して、中国をはじめ、海外での雇用増をはかった。電機メーカーの人員削減は、主として希望退職募集と早期退職制度（日立、東芝など）のかたちをとったが、希望退職では退職希望者が募集人員を大きく上回る傾向も顕著に示された。このような人員削減で、電機産業内で大きな争議が発生したケースはなかった。

経営破綻によって企業そのものがなくなるケースもあった。新潟鉄工はその典型的な事例だった。新潟鉄工は、創業が1910年にさかのぼり、鉄道車両、工作機械、プラント建設などをてがける名門企業だった。その新潟鉄工は、2001年11月、グループ会社12社とともに、会社更生法の適用を申請し、事実上倒産した。倒産の原因は、海外展開もはかったエンジニアリング部門の不振を中心に全般的に経営不振に陥っていたうえ、株式市場の低迷で、保有株の売却などでは債務を清算できなくなったことにあった。

この倒産は従業員だけでなく、地域経済にも大きな影響を及ぼした。拠点工場がある長岡市だけでも、新潟鉄工に債権をもつ関連企業は約120社に及んだ。会社更生法の申請が受理されたのち、新潟鉄工の各部門はバラバラにされ、IHI、三井造船、日立造船などの出資・支援によって設立された新会社に移行した。

　約 2300 人の従業員によって組織される新潟鉄工労働組合は、JAM の有力組合であり、また連合新潟の中心組合のひとつでもあった。それだけに新潟鉄工の破綻は労働運動にとって大きなマイナスとなった。

　卸・小売業の分野では、そごうや長崎屋が経営破綻した。機械金属関係では経営破綻が進行した。鉄鋼業や造船業はこの時期輸出が好調だったが、NKK と川崎製鉄にみられるように、企業合併や提携が進行して、結果として人員削減が計画された。

　人員削減計画以外にも、この時期には、各種の新人事制度が進行した。とくに賃金面では、年功賃金制度から成果主義制度への移行をはかる企業が多くなった。三菱自動車、キヤノン、ホンダなどでは、定期昇給制度が廃止され、武田薬品では、諸手当が廃止されて、全面的に成果主義に移行した。ただ成果主義については、先行した富士通のように、行き過ぎが指摘され、のちに是正をはかる企業もあった。

　直接的な賃金カットを計画する企業もあらわれた。ANA や三洋電機がその事例であった。また労働時間制度についても、松下電器の裁量労働制のようなかたちで、従来とは異なるかたちのものがあらわれはじめた。

　要するに、人員と一人当たり賃金の両面から総人件費の抑制が多くの企業で提案され、結果として労働者の状態を著しく悪化させていた。

2. 労働組合の雇用対策

◇年金改革と雇用延長

　政策・制度面からみると、雇用問題に関しては、労働組合は全体として 2 つの側面から対応を迫られていた。ひとつは、支給開始年齢を順次 65 歳まで引き上げることを内容とする年金制度の改革にともなう課題で、従来の 60 歳定年制を基本とする雇用制度では高

齢期の生活の維持が困難になることが予測された。この点での活動で先行した産別は電機連合で、2000年春闘の前段交渉で大手17組合が65歳までの雇用延長について経営側と大枠で合意した。電機連合は、この課題に対応するガイドラインとして、希望者全員に対する就労の場の提供、年金支給開始年齢と直結した雇用延長などの方針を示していたが、大手組合の交渉ではこの原則が確保された。ただ、延長される雇用契約の内容は、松下電器、パイオニアなどのように1年ごとの再雇用、三菱電機のように期限の定めのない再雇用、富士電機のように65歳への定年延長、などに分かれた。61～65歳の賃金については、一般に30～40%程度の減額では共通していたが、その手法は各社ごとに異なり、労働組合側の要求で、退職以降に支払われる予定の企業年金をあてて一定程度補填する企業もあった。

　同様に、ゼンセン同盟でも、東洋紡、ユニチカ、日東紡績など大手20組合で雇用延長について労使合意に達した。内容上は多少の違いがあり、東洋紡では組合員の60歳代前半の雇用について会社本体の再雇用もしくは関連企業への転籍で対応することとしていた。ここでは勤務形態としてはフルタイムだけでなく、隔日週3日など、多様な働き方が選択できるものとされていた。

　大手自動車会社では、トヨタ労組や本田労組が会社側との交渉で65歳までの再雇用制度を確立した。JR東日本労組でも、60歳定年後の再雇用制度を会社側と合意したが、この場合はグループ会社の採用試験を受け、合格した場合に適用されることとなっていた。したがって、この場合には健康チェックや面接などで結果的に採用されない場合もあるとされた。

◇ワークシェアリングに向けて

　もうひとつの課題は、雇用が全体として悪化している状況にマクロのレベルでどのように取り組むかということだった。ここで登場

したのがワークシェアリングだった。ワークシェアリングは一人当たり労働時間を短縮することにより、雇用者総数を増やそうという試みで、ドイツなどでは雇用の増加に成果をあげており、オランダにおける短時間常用労働者の均等待遇は、一つのモデルとされていた。

1999年秋に、連合と日経連は雇用安定に向けた共同宣言をとりまとめ、雇用対策の強化を政府に申し入れた。これを受けて、政労使による雇用対策会議が設置されるとともに、ワークシェアリング推進に向けた会議も設置された。2000年には、オランダの労働組合が来日し、連合と意見交換を行った。

また、社会経済生産性本部においても労使代表が参加する研究会が設けられ、2001年9月に、残業時間の削減による雇用創出効果の試算を含む報告書を取りまとめた。

しかし、厳しい経済情勢が続くなかで、各企業においては「雇用創出型」には結びつかず、「雇用維持型」の取り組みにとどまった。また、連合と日経連の協議も、労働時間短縮に伴う賃金の取り扱いをめぐって時間比例（均等待遇）のルール化に日経連が反対したことから、物別れに終わった。

一方、厚生労働省は2002年4月、ワークシェアリングを導入した企業に対して雇用調整助成金や特定求職者雇用開発助成金から助成金を支給すると決定して、政府もワークシェアリングの進展にある程度積極的になった。

個別の産業・企業レベルでは、ワークシェアリングがもっとも進行したのは電機業界だった。電機連合は、2002年1月に雇用維持型のワークシェアリングとして一時帰休の長期化、1日の所定労働時間の短縮とそれにともなう賃金の減額などを内容とする提案を経営者側に行った。電機業界のなかでは、三洋電機が労使間協議で合意し、労働者一人当たり年間最大60日分の労働時間を短縮し、基本給を最大20%減額するワークシェアリングを導入した。

流通大手のイトーヨーカドー労働組合では、正社員の採用抑制とパートの勤務時間の多様化を組み合わせたワークシェアリングを会社側に提案した。

　全体的にいえば、この段階では、ワークシェアリングは、労使でその運用を決定した場合には、企業のなかでの雇用維持には貢献するという効果はあったが、新しい雇用を創出するという機能を果たすまでにはいかなかった。

◇ワークネット

　厳しい雇用情勢に対処する施策の1つとして、連合は、2001年1月、1億円を全額出資して、職業紹介・派遣事業を行う株式会社ワークネットを設立した。これは、失業者の急増のなかで、解禁されていた有料職業紹介制度を活用し、相互扶助の視点から、就職支援活動を労働組合自らの手で実施しようという意図をもつものであった。加えて、営利主義ではないかたちで、出産・育児のため休職した労働者の代替要員を派遣する労働者派遣事業も実施することとしていた。

　ワークネットは、連合の組織決定では、自主採算で運営され、株式会社の組織形態をとり、3年間で黒字のメドがたたなければ、撤退するものとされていた。連合からは高橋均総合局長が派遣され運営の中心にあたっていたが、最初の段階では1億円近くの大きな累積欠損をだし、撤退の瀬戸際に立たされたこともあった。

　しかし、職業紹介事業がノウハウを積み重ねたことや、2003年度から始まった厚生労働省との地域労使就職支援事業との連携で、職業紹介活動が一定の軌道に乗るようになった。とはいえ、事業として好調となったのは、労働者派遣事業の方で、労働金庫や全労済、労働組合の事業所に特化した派遣事業が好調で、ワークネットの事業活動を支える中心となった。派遣事業の方では2005年には常時300名を超すスタッフが就労するようになった。その結果、年

間取扱額が 10 億円を超え、累積赤字も解消し、安定的な事業が見込めるようになった。

ワークネットは、連合が所管したホテルや集会施設のような他の事業とは異なり、事業活動そのものが財政面で問題を発生させたとはいえないが、本来の目的である離職者の安定的な職業紹介や、転職に必要な職業教育・訓練とも結合した再就職支援を行う活動への貢献では部分的な効果しかあげなかったのではないか、という批判も出された。またその活動は東京に限定され、各地域の活動のつながりの面でも不十分な点があったとする批判もだされた。

ワークネットは 2017 年以降、クレディセゾングループに事業譲渡されたが、その後も、名称は継続され、労働組合関連の職業紹介・人材派遣会社としての活動を展開している。

3. 雇用をめぐるいくつかの争議

◇倒産法制の見直し

90 年代末から 2000 年代初頭にかけて、デフレ圧力が強まるなかで、倒産法制の見直しが行われた。一般に倒産とは、企業経営の行き詰まりを指すが、法的には任意整理と法的整理があり、法的整理にも再建型と清算型がある。この間の倒産法制の見直しでは、再建型倒産手続きの整備を中心にして一連の改正が行われた。まず、1999 年 12 月和議法に代わり、民事再生法が制定され、2001 年 9 月私的整理に関するガイドラインの策定、2001 年 11 月整理回収機構（RCC）による事業再生機能の拡充、2002 年 12 月産業再生機構の設立、2003 年 4 月会社更生法改正法施行、2003 年 4 月産業活力再生特別措置法に基づく中小企業再生支援協議会が設立された。

再建型の倒産手続きでは、そこに働く従業員の理解と協力が不可欠である。しかし、それまでの倒産法制では、労働者代表の手続き関与の規定がなく、経営者と債権者の間で決められるのが通常であ

った。連合は労働組合の手続き関与の条文を民事再生法、会社更生法に入れるよう求め、これを実現した。また、倒産時の労働債権について、民法と商法で雇い人給料の先取特権の扱いの範囲に違いがあったものを、連合の要求により、2003 年 7 月民法改正（担保物件、民事執行制度）が行われ労働債権のほぼ全額が一般先取特権となった。

◇ JAM ミツミ争議

　全体的にいえば、多くの企業で、労働組合はさまざまな条件をつけながらも、経営側の提案を実質的に受け入れ、人員削減が進行していった。

　しかし、いくつかの企業では、人員削減や賃金引き下げをめぐる争議が発生した。

　キーボードやゲームコントローラーなど、パソコン部品製造の大手の 1 つとなっていたミツミ電機の子会社は、2000 年 12 月、海外生産を強化するため、山形県の鶴岡工場を閉鎖し、従業員は、山形工場と天童工場に移るか、ミツミグループ内の他社に転勤するものとする、という工場閉鎖案を提案してきた。他工場などに転勤するといっても、従業員の多数が 40 歳を超える家庭の主婦で、山形市や天童市にある他工場に通勤するには冬場には片道 3 時間の通勤時間がかかり、実質的には退職せざるをえなくなる首切り提案だった。

　ミツミ電機労組は子会社の従業員を含めて単一の労働組合として組織され、JAM に加盟し、全工場に支部をもつという組織形態をもっていた。ミツミ労組としてはこの提案は受け入れられないとして、ミツミ労組全体として会社提案に闘うことを決めた。会社とミツミ労組、鶴岡支部の 3 者で交渉が行われたが、決着がつかなかった。このため、労組側は 2001 年 1 月 15 日にすべての支部が連帯するストライキを実施した。その後も残業拒否闘争が続けられた。

　この闘いでは、連合山形がミツミ労組に全面的に協力した。連合山形としては、地域経済に打撃を与える工場閉鎖には強く反対する

という地域事情を強調した。こうした連合山形のアピールもあって、地域のマスメディアもストライキを含め、事態の展開を比較的正確に報道し、県民レベルでの関心も高まった。

　結果的には会社側は工場閉鎖を撤回しなかったが、雇用については、親会社のミツミ電機が責任をもって保証すると回答し、争議は一応解決した。

◇私鉄総連・関東バス争議など

　2004 年の春闘期には、私鉄総連の 2 つの組合が、解雇問題を抱えて争議に突入した。

　私鉄大手組合の 1 つである相模鉄道労働組合は、同年 3 月 24 日に総決起集会を開いたあと、3 月 28 日に始発からの無期限ストに突入した。この労組のストは 26 年ぶりのことであった。ここでは、賃金、一時金のほか、会社側の中期経営計画の中止が組合側の要求テーマだった。

　会社側の中期経営計画は、前年の 8 月に発表されたもので、労組側とのあいだではなんの事前協議もなかった。この計画では、従来 1 社体制で運営されてきた経営のあり方を改変し、相模鉄道を持株会社とし、そのもとに 6 社の事業別会社に再編成し、それぞれの会社が自己責任による経営を行うことを求めていた。この体制のもとで中心的な課題となったのは、部門としては赤字を続けるバス部門だった。バス部門は継続的に赤字で、すでに一部の営業所が分社化され、そこでは長時間の残業と低賃金のもとにおかれていた。会社側の提案はこのような体制をバス部門全体に及ぼすという内容だった。スト突入後、会社側は分社化の計画を撤回してこの面ではひとまず組合の要求が貫徹された。契約運転士の正社員化も実現した。その代わりとして会社の欠損処理の一部を組合員が負担するため、賃上げゼロ、手当のカットなどが行われることとなった。

　私鉄総連の中小労組の 1 つである関東バス労組は 2004 年 3 月 26

日に第1波として24時間ストを実施した。組合側の前年並みの賃上げ要求に対して、会社側は、企業の再生策として、基本給の20％カット、運転士の調整手当の廃止などの賃下げ提案とともに、営業所の1つの管理委託を提案し、交渉が難航した結果であった。第1波のあと、第2波の72時間ストも計画されていた。第1波ストのあとの交渉で、会社側は、基本給と調整手当のカットはやめ、昨年並みの賃金と一時金についても認めるが、営業所の管理委託を認めなければこれらをすべてなしとする、といういわば二者択一の提案をしてきた。これについては、組合員のなかに議論があり、組合としても、賃金を人質にとられたかたちでは、第2波には突入できないと判断し、第2波は延期というかたちで中止された。

　愛知県半田市にある山田紡績には、ゼンセン同盟に加盟する山田紡績労働組合があった。同社は2000年10月4日、名古屋地裁に民事再生手続きの申立てを行い、その手続き中に一方的に工場閉鎖とそこに働くほぼ全員の解雇を通知した。これに対して、山田紡績労働組合を中心とした従業員105名が解雇無効を訴え、抗議行動を展開し、その後、名古屋地裁に解雇無効の訴訟を起こした。上部団体のゼンセン同盟は「山田紡績合理化対策委員会」を設置し、当該組合と連携して対応をはかってきた。2005年2月23日、名古屋地裁は労働者側の主張をほぼ全面的に認め「会社の行った解雇は無効であり、従業員としての地位を有しているので、これまでの未払い賃金を全額支払うこと」との判決を言い渡した。会社はこれを不服として、名古屋高裁、最高裁に上訴したが、この判決は覆らなかった。100名を超える原告団の解雇無効が認められたケースは極めてまれである。山田紡績の原告組合員らは、会社から支払われた未払い賃金の一部を、今後、同様の解雇問題が起こった際に使ってほしいとゼンセン同盟に寄付を申し出、ゼンセン同盟は「フェニックス基金」として中小企業で働く組合員の労働争議対策に充てることとした。

　1999年には、コミュニティ・ユニオンに加盟する宮崎県のヘイ

セイ運輸でも、倒産・全員解雇を内容とする偽装倒産が発生した。組合が結成されたのは同年7月で、労働条件の切り下げ・変更を一方的に行う会社側に対抗するためだった。組合員は25人だった。会社側の通告では全員解雇となっていたが、非組合員12人は関連の企業に全員雇用されており、倒産が組合つぶしであることは明白だった。

コミュニティ・ユニオン・ヘイセイ労働組合は、連合宮崎に支援を求め、連合宮崎もこの争議に全力をあげて抗議集会などで全面的に支援した。組合側は、宮崎地裁に地位保全の仮処分を申し立てた。地裁は和解処分を勧告し、いったんは2000年3月に会社を再建し、希望者全員を再雇用する、という内容で会社側と合意した。しかし正式調印の当日、会社側は合意をホゴにしてしまった。その後、争議は長期につづいたが、組合員はアルバイトで生計を維持しつつ、長期闘争を闘った。最終的には裁判闘争となり、2001年7月に福岡高等裁判所宮崎支部にて解雇無効と不払い賃金の支払いを命ずる判決が出たことで組合側が全面勝利で終結した。

大分県では、ビール原液を濾過する珪藻土濾過助剤を主製品とする昭和化学工場閉鎖撤回闘争が発生した。同社では1999年11月に東京本社から、翌年3月に工場を閉鎖するという通知が行われた。同工場自体は、当時は黒字ではあったが、工場・設備などが老朽化しており、その改善には莫大な費用がかかるので、将来をみすえての措置であると説明された。同工場には14人からなる全国一般の組合員がいたが、事前にはなんの協議も連絡もなかった。

組合は、通知の直後、会社側と交渉を重ねたが、なんの前進もなかった。組合側では、このままでは操業停止・工場閉鎖が強行されると判断し、大分地裁に地位保全仮処分申請をだすとともに、連合大分などに支援を要請し、12月には昭和化学工場閉鎖撤回闘争支援共闘会議も結成された。支援共闘会議は、交渉に参加したほか、街頭宣伝、抗議ハガキ、公判傍聴などに取り組んだ。

2000 年 2 月に、支援共闘会議の代表も加わった本社との交渉で確認書が締結された。その内容は、大分工場閉鎖と配置転換については撤回する、雇用については昭和化学社員として雇用を継続する、雇用継続・新規事業立ち上げまでは従来の賃金を保証する、などというもので、地域共闘に支えられた組合側のほぼ全面的な勝利だった。

しかし、組合員の希望退職募集など、実質的な従業員解雇をともなう争議は、とくに大企業レベルでは皆無に近い状態で、労使間の交渉または協議のレベルで解決された。

4. 2000 年、2001 年の春闘

2000 年と 2001 年の春闘は、厳しい雇用情勢のもとで展開された。連合は、1999 年 11 月の中央委員会で賃上げ、時短、政策制度、雇用とワークルールの確立を 2000 年の春季生活闘争方針に掲げた。このうち、賃上げについては、賃金体系維持分としての定昇もしくは定昇相当分を確保したうえで、生活維持・向上分 1% 以上を上乗せした到達分を達成するとの統一要求基準を決めた。

翌 2001 年の春季生活闘争においては、4 本柱がそのまま維持されたうえ、春季生活闘争としては初めて、パート労働者の賃上げを要求していくことが確認された。2001 年の要求基準としては、賃金カーブ維持分プラス 1% 以上の純ベア分の要求が維持され、パート労働者については、時給を 10 円以上引き上げることを要求基準とした。

金属労協は、平均要求方式をとる組合のベースアップ要求額を 2000 年と 2001 年についていずれも 2000 ～ 3000 円（純ベア額）を基準とすることとした。

全労連などが構成する国民春闘共闘委員会は、2000 年と 2001 年の賃上げについて、それまで 10 年間続けられた 3 万 5000 円以上の

要求にかえ、誰でもどこでも1万5000円の賃上げとパートなどについては時給100円以上の要求を決定した。

2000年には3月15日、2001年には3月14日がそれぞれ金属労協を中心にした集中回答日と設定されたが、結果はいずれも惨憺たる状況だった。

自動車では、2000年には交渉リード役のトヨタ自動車労組が前年を上回るベア1000円をめざして交渉が進められたが、結局、前年を下回るベア500円で妥結した。2001年には、トヨタは600円だったが、三菱自動車はベアゼロで妥結し、企業業績の違いもあって、明暗が二極化した。

電機産業では、2000年には大手17社に対してベア500円の回答が示された。2001年にも前年と同額の500円で妥結した。ただ、大手17組合のうち、日本コロムビアは統一闘争に参加しなかった。電機で統一闘争に加わらない組合が出たのは9年ぶりのことであった。

鉄鋼労連は、1998年以降、隔年春闘となっていたが、新日鐵など3社で2000年ベア1000円、2001年ゼロ、NKKなど2社が2000年ゼロ、2001年ベア1000円と分かれた。鉄鋼労連大手5社は2年間でベア1000円という点では共通していたが、実施年が分かれるという点で分裂回答となったのは鉄鋼労連の春闘参加以来、初めてのことであった。

造船重機では、2000年には総合重工7社の賃上げはベアゼロとなり、2001年にようやくベア600円で妥結した。

金属以外の主要な産別組織も、集中回答日に続いて妥結したが、いずれも結果は賃上げに厳しいものとなった。電力の場合には、2000年には主要9社のすべてでベアゼロ、定昇のみ実施で妥結した。2001年にも電力は定期昇給のみとされた。NTTでは、労組側が雇用確保を最重点課題とし、2000年と2001年続けてベア要求を断念した。ただ、NTTグループは全体として賃上げ要求をゼロとしていたが、業績が好調なドコモとNTTデータでは成果分を上乗

せし、手当を増額するかたちで若干の賃上げが行われた。私鉄では、阪神・淡路大震災以降、各社ごとの個別交渉となっていたが、2000年には回答日も一日違いとなり、内容でもかなりの違いがあった。とくに東急では、2年連続してベアゼロ（定昇あり）となった。私鉄では各社の労組が定期昇給制度確立の交渉を行ったが、実際に新たに実現した企業はなかった。

　厚生労働省のまとめでは、民間主要企業の春闘での妥結率は、定昇込みで2000年2.06%、2001年で2.01%であった。このうち2%分は定昇分と想定されるから、この両年にベアゼロの状態があらわれたといえる。ただ、2001年には要求提出さえ見送る組合も増加しており、賃上げを獲得した組合、ベアゼロ回答のような不十分な結果しか残せなかった組合とあわせて、三極化の傾向が示された。また、全体的に賃上げから一時金へのシフトが進行し、中堅中小の組合でも成果還元では一時金という傾向が強まった。

　なお、人事院は2000年と2001年について引き上げを見送り、一時金にあたる勤勉手当を引き下げ、公務員の平均年収は2年連続で約1.5%減少した。

◇メーデーの変貌

　小渕内閣のあとをついだ森内閣は、後述のように2001年1月に厚生労働省を発足させるなどの中央省庁の再編を行うなどの施策を展開したが、KSD（財団法人ケーエスデー、中小企業経営者福祉事業団）のものつくり大学をめぐるスキャンダルなどもあって、国民的にはまったく不人気となった。連合は2001年2月22日、一連の不祥事の徹底追及と森内閣退陣、自公保連立政権の打倒を求めて、東京・日比谷野音で「中央総決起集会」を開催、5000人の組合員が参加した。

　自民党内でも退陣論が強まり、自民党の総裁選挙を経て小泉純一郎が総裁に選出され、新内閣を発足させた。小泉内閣は、後述のように（125ページ参照）「聖域なき構造改革」をスローガンとして市

場万能主義的な政策を展開した。

2001 年春闘の大勢が定まり、小泉内閣が発足した直後、第 72 回メーデーを迎えていた。このなかで連合系メーデーには 2 つの特徴があった。

1 つは、これまでメーデーといえば、5 月 1 日と決まっていたものが、連合系の中央メーデーが日を変えて代々木公園で 4 月 28 日に実施されたことである。連合は、1996 年以来、2000 年以降の中央メーデーのあり方について検討していたが、1998 年 11 月の中央委員会で、メーデー集会の意義を環境・平和・人権などの人類の普遍的な課題を取り上げるものとし、2001 年以降については、5 月 1 日以外の適切な日に開催することを決めていた。2001 年中央メーデーは、この決定に沿って、5 月連休の始めの土曜日に設定されたものであった。

もう 1 つの特徴は、就任したばかりの小泉首相が来賓として出席し、「もっとも大事なことは、最大多数の最大幸福を実現することだ」などと挨拶を述べた。いうまでもなく、「最大多数の最大幸福」というこのスローガンは、功利主義者のベンサムが使用したもので、社会の一部に貧困などがあっても、社会全体として豊かになれば良い、とする市場万能主義の考え方を示すものだった。連合鷲尾会長は、挨拶のなかで、「日本が陥っている閉塞状況を打破するためには、小泉総理がいう改革が不可欠であるが、その改革は普通のサラリーマン、勤労者、市民の成長安定と将来不安の除去に寄与するものでなければならない」と述べた。

全労連系、全労協系のメーデーは通常通り 5 月 1 日に実施された。

5. 組織をめぐる新しい動き

◇産別の再編成

この時期には、連合傘下の各産別のなかで、いくつもの再編成の

動きが進行していた。このような動きの背景には、たとえば連合部門連絡会で、小産別を整理して構成する産別に統合したい、という論議が起きていたことも背景としてあった。組織問題をめぐる論議のなかでは、産別そのものを解体して直轄の部会に再編成すべきだとする意見もあったが、これはごく少数にとどまっていた。

具体的な組織構成上の変化のなかで、将来的にもっとも大きな影響をもつ動きは、ここでもゼンセン同盟だった。2002年9月、ゼンセン同盟、一般同盟の伝統をひきつぎ化学、薬品、サービス関係を組織していたCSG連合、地場繊維産業を組織していた繊維生活労連の3つの産別組織が統合大会を開いて、略称UIゼンセン同盟（正式名称は全国繊維化学食品流通サービス一般労働組合同盟）が結成された。

3つの産別のうちCSG連合は、化学産業を軸とした産別再編を模索したが、後述のように、化学分野では、旧合化労連の流れを引き継ぐJEC連合への結集への動きが強まったためにこの構想を断念し、旧同盟系ということで、考え方や政策上の一致点が多い、ゼンセン同盟との統合を選択した。

UIゼンセン同盟の成立は、ゼンセン同盟にとっても大きな性格変化をもたらした。まず、組織人員数では約80万人となり、電機連合や自動車総連を抜き、民間産別でトップの地位を確立したのみならず、その後の組織拡大によって組織人員が減少傾向にあった自治労をも抜いて、官民合わせた連合傘下の産別組織では最大となった。

もう1つの変化は、地場労働者やパート労働者など未組織労働者の組織化をすすめて、いわば自前で組織拡大をはかってきたのがそれまでのゼンセン同盟だったが、この統合以降は、自前での組織化努力はいぜんとして続けられたとはいえ、組織の拡大の大きな要素に産別統合という手段が登場したことであった。将来的にはこの2つの手段を併用して170万人の組合員をかかえ、いわば1つのナシ

ョナルセンターともいうべき位置を有するに至るが、その出発点はここでのUIゼンセン同盟の成立にあった。UIゼンセン同盟の組織化の対象は、繊維、化学、薬品などの製造業分野、スーパーなどの卸・小売業、介護、レストランなどのサービス業にまで及び、複合産別としての性格を強くもつに至った。

　複合産別化の動きは、他の分野にも現れた。2003年9月基幹労連（日本基幹産業労働組合連合会）が結成された。これは、従来の鉄鋼労連、造船重機労連、非鉄連合の3産別が統合したものだった。組合員数は約25万人であった。これに先立ち、鉄鋼労連は、1990年代末には、金属労協（JCM）を、ドイツのIGメタルのような大産別組織に再編成し、金属関係労組が一丸となって連合に加盟する、という構想をうちだしていた。しかし、この構想は、情報サービス系の労働組合との連携を模索していた電機連合が反対して、実現しなかった。このため、鉄鋼労連は、産業構造が近接していた造船重機労連および非鉄連合との統合に踏みきった。ここでは、複合産別といっても、産業的に近接している労働組合の統合の姿を示していた。

　このように比較的近接した産業を組織化対象とする産別組織の統合再編のうごきは、活発に行われた。

　産別組織が入り乱れていた化学関係では2002年10月にJEC連合（日本化学エネルギー産業労働組合連合会）が結成された。ここには、旧総評系の化学リーグ21、旧中立系の石油労連、全国セメント、旧新産別系の新化学が正式参加をしたほか、大手企業労組を傘下におさめる化学総連と精糖関連の甘味労協が組織を残したまま連合への加盟単位として、ブリッジ加盟方式で参加した。組合員数は約18万人だった。

　2002年11月には、これまでの食品連合と食品労協が統一して、フード連合（日本食品関連産業労働組合総連合会）を結成した。加盟人員は約10万人だった。

小売業の分野では2001年7月に、JSD（日本サービス・流通労働組合連合）が結成された。この新しい産別には、伊勢丹などのデパート組合が加盟していた商業労連、西友労組などスーパーの労働組合が加盟していたチェーンストア労協に加え三越労組など7つのデパート組合が参加していた。結果として、大部分の大手デパートの労働組合を傘下におさめ、加盟組合員数は18万人を超えた。JSDは結成当初からUIゼンセン同盟との統合の話しあいを行っていた。

　レジャー・サービス関係では、2001年7月にサービス連合（サービス・ツーリズム産業労働組合連合会）が発足した。ここには、旧総評系のレジャー・サービス連合と、CSG連合内にあったホテル労協とが統合したものであり、旧総評系と旧同盟系の組織が統合したという意義をもっていた。組合員は5万人弱であった。

　国公連合（国公関連労働組合連合会）も2001年10月に結成された。これは、連合加盟の国家公務員の組合である国公総連、国税労組、税関労連と、政府の調達事業に従事する特殊法人の労組である政労連、それに在日米軍の基地労働者が加盟する全駐労が統合したものであった。国公連合は、2002年以降の発足をめざして協議が続けられていたが、小泉内閣の成立によって公務員制度や特殊法人改革などの動きが急速になったことから、予定を早めての結成となった。加盟組合員数は約13万5000人であった。

　この時期に、さまざまなかたちでの産別構造の変化が起きたのは、産業構造の変化とともに、連合結成から10年以上をへて、旧労働4団体時代の対立点の解消が大きかった。

　労働組合組織の産別再編成に失敗した事例として、交通・運輸部門がある。この部門においては、旧総評・中立系では私鉄・バスを主軸とする私鉄総連、トラック部門の運輸労連、タクシー部門の全自交労連があり、旧同盟系では交通労連があって、早くから、統一的な産別の形成が求められていた。この4産別では1999年から組織統合に向けての検討が開始され、2000年の4産別の定期大会で

は組織統合の方針をきめた。この段階では、まず連合加盟の単位を一本化し、共同行動などで組織としての一体感を醸成したのち、本格的な組織統一を達成するとしていた。新しい組織の名称は交通運輸連合とされていた。

2001 年には、このような方針が、4 産別の定期大会で確認されることになっていた。運輸労連と全自交労連の定期大会はこの方針を可決したが、私鉄総連と交通労連では否決されてしまった。交通労連では、代議員の半数以上が賛成したが、規約にもとづく 3 分の 2 には達しなかった。私鉄総連の場合には、反対票が賛成票を上回った。

2002 年には、私鉄総連と交通労連は、あらためて臨時大会を開いて、今度は、両組織ともに、交通運輸連合への加盟を承認した。このため、4 組織はいったん交通運輸連合の結成の日取りまできめた。しかし、私鉄総連と交通労連のあいだの協議では、組織のあり方などについて、意見の違いが埋まらず、予定された結成大会は延期され、統合は実現されないまま終わった。その後、交通運輸関係労組の産別統合の動きは消滅した。ただ、交通運輸系の主要な産別としては、交通労連や全労連加盟の組合をのぞいて、交運労協に結集して、政策面での共同活動などは維持された。

第2章 ニュー連合の模索

第1回連合評価委員会（2002年3月18日）

年表

2001.4.26	小泉内閣発足
4.28	連合メーデー中央集会
7.4	日本サービス・流通労働組合連合（JSD）発足
7.29	参議院選投票日、民主党善戦
7.24	サービス・ツーリズム産業労働組合連合会（サービス連合）発足
10.4	連合大会、笹森・草野体制選出
11.4	連合、アクションルート47開始
12.19	政府、特殊法人改革を閣議決定

2002.2.18	連合、全国での雇用・失業相談ダイヤル開始
3.13	金属労協一斉回答、トヨタ、日立などベアゼロ
3.18	連合評価委員会発足
4.10	連合、ゼネラルアクション中央行動
5.28	日本経団連 発足
6.14	健保法等改正強行採決反対国会行動
9.15	退職者連合主催・全国高齢者集会
9.19	UI ゼンセン同盟結成
10.10	JEC 連合結成
10.11	全国ユニオン設立
11.16	ヘルスケア労協結成
2003.2.28	パート・有期契約労働者のつどい
3.20	イラク戦争開始

【概要】

　2001 年 10 月に新しく選出された笹森・草野体制の連合は厳しい現実に迫られた。連合としては、厳しい雇用情勢に対処する方針としてワークシェアリングの考え方をうちだしたが、経営側は容易に応ぜず、連合側から労働時間短縮にともない、一定の賃金切り下げを認めるとの意見表明があったのち、政労使 3 者の協議が行われたが、実効性のあるワークシェアリングは具体化されなかった。

　2002 年の春闘では、その後の春闘に決定的ともいうべき影響を与える事態が発生した。これまで賃上げのあり方は、実質的にトリックルダウン型であり、パターンセッターとして中心となる企業の労働組合が獲得した賃上げ額を基準に、順次低下しつつあるものの、全体的な賃上げが確保されてきた。1990 年代以降、一貫してパターンセッターとしての役割を果してきたのは自動車総連のトヨタ労組だった。2002 年の春闘ではそのトヨタ労組が会社側の賃上げゼロ回答を受け入れた。従来のトリッ

クルダウン型であれば、トヨタがゼロであれば、それ以外の組合はゼロ以下になるということであり、かたちは異なっても、実質的に賃下げとなる企業があいついだ。主要企業の定期昇給込みの賃上げ率は2%をわりこみ、定期昇給分の2%を基準とすると、日本の労働者の賃金は全体としてこの年からマイナスに転じた。その端的な表現が国家公務員の賃金の本給部分について、人事院は前年よりマイナスとなる勧告を行い、政府もこれを実施したことである。

この春闘後には連合は、従来トヨタを頂点とするトリックルダウン型から「下支え」「底上げ」型の賃上げ闘争への転換をうちだし、それを実現するさまざまな努力も行われたが、賃金低下の傾向に歯止めをかけることはできなかった。その意味で2002年春闘は、OECD諸国のなかで、賃金水準の順位を大きくさげていくきっかけとなった。

2003年から05年にかけての春闘では、UIゼンセン同盟がベア要求をかかげたり、全国ユニオンがパート・派遣春闘の組織化の試みを行ったが、全体としては賃金切り下げの基調は同様に進行した。結果としてこの時期に勤労者家計の状況はしだいに悪化した。また、その後、約20年にわたって定着する「安い日本」を形成するもっとも重要な要素となった。

笹森体制になって、連合は2つの大きなプロジェクトを立ち上げた。1つは、アクションルート47で、その内容は、笹森会長が47の全都道府県をまわり、知事や市民団体を含む各界代表とも会見し、連合の方針に取り組むというものだった。このプロジェクトは、連合の存在感を高め、各地方連合会の活性化に貢献した。

もう1つは、中坊公平弁護士を座長とする連合評価委員会の発足だった。同委員会は連合外の助言を率直に提起することに目的がおかれ、委員はすべて連合外の研究者やタレントなどで構成された。同委員会は地方でのタウンミーティングも実施された。連合評価委員会の最終報告は、現在の構成組織を超えて、大きな苦難に直面している中小企業労働者や非正規労働者の現状を改革することにより大きな努力をはらうべきだ、などの提言を行った。この報告は、連合を構成する大きな産別組織から

は直接的な反応は少なかったが、多くの地方連合会では積極的に受け止めようとする気運が盛り上がった。

1. 連合、笹森・草野体制

◇ 2001年連合大会

連合は2001年10月4日に第7回定期大会を開いた。この大会で、連合は、2年間にわたる運動方針と、「連合21世紀挑戦委員会報告―21世紀連合ビジョン」（経過と内容については、第2巻235ページ参照）など2つの特別報告を採択した。方針や特別報告をつうじて、連合は、「労働を中心とした福祉社会」の実現をめざして、「ニュー連合」としての活動を展開する、とした。

大会はまた、これまでの鷲尾悦也会長の退任にともない、会長に笹森清（電力総連）、会長代行に大原義行（自治労）、事務局長に草野忠義（自動車総連）を選出した。

人物紹介 **笹森　清** (ささもり・きよし)

2001年の連合大会で第4代会長に選出。1940年生まれ。東京都の出身。埼玉県に移住し、川越高校を卒業。在学中はコーラスとテニスに熱中し、テニスでは国体にも出場した。高校卒業後いったんは明治大学に入学したが、家庭の経済事情で退学、東京電力に入社。持ち前の明るい性格もあって配属先ではリーダーシップを発揮し、労組役員に選出され、1970年から支部の専従職についた。労組のなかでは積極的な発言で頭角を現し、1978年からは東電労組の専従役員となった。1982年に民間の労働戦線統一の母体となった全民労協に派遣され、最初は政策局長、のちに次長となって、山田精吾事務局長の薫陶を受

けた。

1986 年東京電力労組にもどり、書記長や委員長を歴任したあと、1993 年には電力総連会長に選出され、みずからの決断で、少数派組合であった全電力との対等合併を実現させた。1997 年には連合事務局長に選出され、鷲尾会長を支えたあと、2001 年に会長に選出された。

笹森会長がその職についた時代は、日本の雇用問題が最悪となり、労働組合も困難な時期にあったが、アクションルート 47 で全国 47 都道府県をまわったり、外部の識者で構成される連合評価委員会を設置するなど、みずからの発想力と行動力で困難に立ち向かった。組織面では、地方連合会と地協の強化に努めた。

連合会長退任後、中央労福協の専任の会長となり、労働者自主福祉運動のセンターとしての中央労福協の活性化に貢献し、貸金業法の改正や年越し派遣村の活動への支援を行った。連合会長時代には、多数の政府関係の審議会の委員をつとめたが、退任後には NPO の活動にも加わり、いくつかの団体の代表をつとめた。

2010 年には、民主党菅内閣のもとでは要請をうけて内閣特別顧問となったが、翌 2011 年に膵臓癌のため 70 歳で死去。旭日大綬章が追贈された。

決断とそれにもとづく自身の行動は素早く、年金法改正問題での衆議院の公聴会からの退場とか郵政民営化法をめぐる訴訟の原告人になるとかで、連合のスタッフをあわてさせる場面もあった。

趣味も多様で、とくに 50 歳からはじめた小唄では、名取をとるほどに上達した。

1943 年生まれ。両親は大分県日田市で学校法人の理事長などをつとめた名家の出身だった。高校受験時に上京し、都立戸山高校を経て、1966 年東大経済学部卒業。中学、高校、大学を通じて剣道で活躍、剣道 4 段、居合道 5 段の段位も取得した。

同年、日産自動車に入社。1973 年、同社座間工場人事課に配属されていたとき、先輩に誘われて労働組合専従となった。1979 年に全日産労組書記長になったが、1982 年には政策推進労組会議、すぐのちに全民労協の事務局次長として派遣され、笹森会長同様、山田精吾事務局長の薫陶を受けた。1986 年自動車総連事務局長として産別組織のリーダーをつとめたのち、1994 年には日産労連の会長となり、塩路一郎会長がスキャンダル事件などで退任したあと混乱気味だった組織の建て直しに貢献した。

1998 年に自動車総連会長に選出され、3 年後の 2001 年には連合事務局長に選出されて笹森会長とコンビを組んだ。典型的な企業別組織である日産労組、そうした労組の集まりである自動車総連の出身でありながら、4 年間の任期中に、中小労組や地域労働運動にも大きな理解を示すようになり、地方連合会・地協の強化につとめた。

2005 年の事務局長退任時には会長職を望んだが叶わず、連合総研理事長となり、その活性化につとめた。2009 年民主党政権の成立のあと設置された行政刷新会議の議員として活躍したのち、2012 年 3 月膵臓癌のため死去。旭日重光章が追贈された。

草野の座右の銘は「担雪填井」（たんせきてんせい）という用語だった。これは、もともとは仏教の用語で、一見無駄とも思える努力を黙々とつづけるという意味だった。死後、この銘をタイトルにした自分史も出版されている。

　笹森新会長は、就任演説のなかで、ナショナルセンターとしての連合の役割に触れ、それは全労働者、全国民に対するメッセージを発信していくことだとし、「私自身は、多少ものわかりが悪いといわれようとも、怒りを忘れずに労働組合主義に徹して、組織の強化・拡大と政策・制度の実現に向けて行動させていただく」と述べた。

　この大会には、小泉首相が自ら希望して出席した。衆議院の予算委員会とのかかわりで、あいさつは一日目の夕刻、議事を中断して行われた。一方、アメリカ AFL-CIO のスウィーニー会長は、当初出席を予定していたが、前月の同時多発テロの影響によって取りやめとなった。

　大会論議のなかでは、今回はじめて提起された労働者代表制（サービス・流通連合）、同時多発テロに対する連合の見解（UI ゼンセン同盟）、ワークシェアリングのあり方（電機連合）、解雇規制のあり方（JR 連合）、非正規労働者の労働条件改善（連合福岡）、仕事と家庭の両立（サービス連合）、特殊法人問題（政労連）など、今日労働運動が対処しなければならない多くの問題点について、意見がだされた。これらは、その後長期にわたる日本の労働組合が対処しなければならない課題であったが、この段階で結論が示されることはなかった。

　このうち、企業段階の労働者代表（従業員代表）制度については、労働組合の存在意義を弱めるものではないか、という意見に対して、本部側は、労働組合と労働者代表委員会とのあいだでは権限や活動範囲の区分けをして、労働組合の肩代わりをさせないよう、法案づくりに取り組んでいく、と答弁した。

　政治方針については、さきの参議院選挙では協力関係にある民主党が十分な伸びをみせなかったが、「政権を担うに足る政党で、リベラルで社会民主主義的政党としての政治姿勢を確立することを期待する」、として民主党中心の支援態勢を維持することを基軸にし

ていた。しかし、一方で、方針は、いかなる政権に対しても政策を中心に是々非々の立場で対応する、ともしていた。

◇**アクションルート47と政労会見**

　大会で選出された連合新執行部は笹森会長を中心にエネルギッシュに活動を展開した。その手はじめは、大会直後の10月18日の日経連との定期協議で、この席上、「雇用に関する社会合意」宣言が合意された。この宣言は悪化する雇用情勢に対処するため、経営側は雇用の維持・創出に努力すること、労働組合側は、生産性の向上などに協力するとともに、賃上げについては柔軟に対処すること、などが盛り込まれていた。

　つぎの活動は、2001年11月にスタートしたアクションルート47だった。アクションルート47の47は全都道府県の数を示しており、笹森会長が全国の都道府県を訪問し、地域レベルの雇用対策の促進などを各知事などに要請すると同時に、地方連合会の活動を活性化するという目的をもっていた。これは、連合が地域活動を重視するという新しい方向性の具体化を意味していた。

　その最初として、2001年11月14日に北海道を訪問し、道知事や経営者協会会長らと会見したのち、「パート・臨時・派遣労働者のつどい」に参加した。アクションルート47の活動は、2002年8月まで9カ月間継続され、予定通り、47都道府県全部に対して実行された。

　アクションルート47がはじまった直後の11月27日には政労会見が行われた。政労会見は、年金改革をめぐって関係が悪化して以降、小泉内閣になって同年8月27日に1年10カ月ぶりに復活していた。このときには、当時の鷲尾連合会長が中心となって、雇用問題を軸に要請書を提出した。これに対して小泉首相は、連合が何党を支持しようと関係なく、国民のためにということであればなんでも取り入れていく、と答えたが、具体的な内容として進展はみら

れなかった。11月の政労会見では、笹森新会長は、補正予算についての要請書を手渡したほか、口頭で、政労使による「雇用についての非常事態宣言」などを求めた。このときに小泉首相は、連合の政策についてもいいものは取り入れていく、と抽象的に答えただけで、具体的な回答もなく、措置もとられなかった。

　笹森会長は2003年1月に、東京都内で開かれた自民党大会に招かれ、あいさつした。連合会長が自民党大会であいさつするのは、はじめてのことだった。あいさつのなかで笹森会長は、「雇用を守ることが労働組合の最大の責務」だとし、小泉内閣の構造改革は「あまりにも経営側に偏りすぎている」と批判する一方、今後、自民党とのあいだの政策協議を大切にする、とも述べた。

2. 2002年春闘とそれ以降

◇ベアゼロ要求

　笹森新体制が確立したあと、連合と傘下の産別などでは、2002年春闘の準備がすすめられた。2001年11月に開かれた連合の中央委員会では2002年の春季生活闘争方針が決定された。そのなかの賃上げ要求については、賃金カーブ維持分プラスαとされ、プラスα分については、各産別の動向を踏まえて決定するものとされた。ベースアップ分にあたるαの額または率が統一的に示されなかったのは、連合結成以来はじめてのことであり、要するにベアゼロもありうる、というのがこの方針の中身であった。ただ、パート労働者の時間給については10円以上の引き上げがうちだされ、またパートを含む全従業員対象の企業内最賃協定の獲得がかかげられ、非正規労働者の賃上げについては配慮が行われていた。

　賃上げの中軸となる金属労協は、雇用の維持・確保が最優先課題であるとし、純ベア分としては1000円を基本とするとしていたが、統一要求とはされなかった。金属労協傘下のうち、自動車総連と造

船重機労連は、ベア1000円をうちだしたが、電機連合、鉄鋼労連、JAM、全電線では、定昇にあたる賃金構造維持分の確保をうちだしたものの、ベア分については統一要求をうちださなかった。

全労連などが構成する国民春闘共闘は前年同様月額1万5000円以上という要求を決めた。

◇マイナス妥結

2002年3月13日、金属労協傘下の組合に対して一斉回答が行われた。傘下の各産別では、企業ごとに軒並みベアゼロの回答が示された。とくに目立ったのは、これまで賃上げのパターンセッターとしての役割を果たしてきたトヨタだった。トヨタの経常利益は1兆円を超え、史上最高に達していたが、賃上げについてはゼロ回答だった。組合側との交渉のなかで、トヨタの企業側は、個別企業としてのトヨタはベースアップが可能ではあるが、その影響が経済界全体に及ぶことを考慮しゼロ回答とする、と説明した。組合側は悩んだ末、ゼロ回答を受け入れた。トヨタの経営側は、パターンセッターとしての同社の位置を十分に認知していたうえでゼロ回答を行ったことになる。

トヨタのゼロ回答・妥結の影響は絶大だった。電機連合は、2001年春闘の開始にあたって、「春闘改革の推進」という方針を決定していた。その内容の軸となるのは、春闘を従来の賃上げ中心から、総合労働条件改善闘争とする、というものであった。具体的には、労働協約改定闘争を2年サイクルで行う、賃上げについては、上げ幅の追求ではなく、いくらの水準であるべきか、を内容とする「絶対額」追求に切り換える、ただしこの賃金交渉は、一時金とともに、毎年交渉とする、などであった。

2002年については、産別組織の電機連合としては、ベースアップを要求する経営環境にはないという判断のもとに、雇用の維持・安定を最重点とし、「賃金体系の維持をはかる」、つまり定期昇給分

の確保をすることとした。ベースアップ要求ゼロは電機連合としてははじめてのことであった。

　金属労協の集中回答日に、統一闘争からはずれていた一社（コロムビア）を除いて、賃金体系の維持については共通の、また雇用安定については、かたちは会社ごとに異なるものの、「労使確認」について企業側が約束した。

　ここまでは、電機連合の求めた最低基準をみたしていた。しかし、トヨタのゼロ回答をみた経営側は、すぐ「緊急労務対策」という名でつぎの手をうってきた。その内容は各社ごとに少しずつ違っており、日立の 1 年間 5% の賃金カット、松下、東芝、NEC などの本来は 4 月に実施されるべき定期昇給が 10 月に延期されるなどがその内容だった。安川のように 1 日 25 分の所定内労働時間短縮と引き換えに基準内賃金 5% 削減の提案を行う企業もあった。これらは、すべて期限つきのものであったが、少なくともこの年には賃金がマイナスとなる状況が至るところで現れていた。

　電機だけではなかった。連合調査では、平均賃上げ方式をとった構成組織のうち、定期昇給分の 2% を超え、ベースアップがあったと考えられる産別は、食品労協、CSG 連合（一般）、NHK 労連のみであった。もっとも低かったのは CSG 連合（金属）と鉄鋼労連、交通労連の 3 産別でいずれも 1% に達しなかった。民間合計では 1.95% とやはり 2% に及ばなかった。規模別集計では、これまでの傾向を引き継ぎ、1000 人以上の組合が 1.76%、999 〜 300 人規模が 1.50%、299 人以下が 1.34% となった。結果として、雇用不安を払拭しきれず、賃金カーブが維持できなかった組合が増加するなど「雇用を守り切る」闘いが徹底できなかった。

◇デフレスパイラル

　この年 8 月にだされた人事院の非現業国家公務員についての給与勧告は、民間との比較調査にもとづくものとして、月例給について

は 2.03%、期末・勤勉手当については 0.05 カ月分それぞれ引き下げるよう勧告した。すでに前年には一時金の減額のかたちで実質上の引き下げがはじまっていたとはいえ、公務員給与の本体部分について引き下げ勧告を行ったのは、人事院の設立以来はじめてのことだった。

　全逓、全郵政、全林野、日林労などで構成する連合官公部門連絡会・国営企業部会は、ベースアップ 500 円を統一要求としてかかげ、4 月段階から交渉に入ったが、各当局は具体的な内容では回答しなかったため、中労委へ仲裁裁定の申請を行った。調停作業は難航し、一時自主交渉に移行したりしたが、再度裁定の申請が行われた。中労委は 10 月 30 日に、基準内賃金の 1.36% プラス 1620 円の 12 カ月分を引き下げる、とする裁定を行った。賃金引き下げの理由としては、人事院が公務員給与の賃金引き下げを勧告し、政府も勧告通り実施するとしたことが示された。国営企業部会と連合は、強い抗議声明を発表したが、最終的には、この裁定を前提として、交渉はこの賃下げをどのように実施するかに移り、年末一時金で処理することで終った。

　このような時限的な賃金カットの動きに対して連合も、「雇用優先の観点から個別労使が判断すること」であるとし、「時期設定などの配慮が求められる」とする意見を春闘のまとめのなかで表明するにとどまった。各産別でも、賃金の実質的な切り下げに対抗する活動は行われなかった。

　連合集計による企業規模別妥結状況では、1000 人以上の企業で定昇込み 1.76% であったのに対して、999 ～ 300 人規模で 1.50%、299 人以下では 1.34% で、企業規模間格差はさらに拡大した。

　連合よりも高い賃上げ要求をかかげて春闘に臨んだ全労連中心の国民春闘会議の場合も、加重平均は 2.01%、単純平均は 1.59% だった。ある程度比較可能な連合傘下の交通労連と全労連傘下の自交総連とをみると、前者が 0.85%、後者が 0.95% でほとんどおなじ傾向

を示していた。ただ、例年通り、ストライキを含む争議行為の多かった日本医労連の場合には、2.24% と比較的に高い水準を確保した。

厚生労働省調べの「民間主要企業賃上げ要求・妥結状況」によると、2002 年には定昇込みの妥結率で 1.66% だった。定昇込みの賃上げ率は連合成立後の 1990 年以来、1997 年を除いて、年々低下を続けてきたが、それでも、定期昇給分とされる 2% を下回ったのは 2002 年がはじめてのことだった。このように定昇込みの賃上げ率が 2% を下回る事態は 2013 年まで継続することになる。

明らかに、トヨタのゼロ回答を頂点として、ゼロ以下へのトリックルダウンが作用したことになる。たしかに、各企業労組にとっては、企業の存続と雇用の維持がもっとも重要な課題であったことが影響していた。連合は、前述の国営企業部会に対する中労委の裁定への抗議声明のなかで、「今回の仲裁裁定の結果は、国営企業 6 組合の労使間の問題にとどまらず、社会にも大きな影響を与えかねない。連合としては、これを口実に賃金カットの動きがさらに強まるならば、マクロ経済が冷え込み、デフレを加速するのではないかと大いに懸念している」と述べた。

しかし、賃上げがゼロまたはマイナスを起点とするデフレスパイラルへのこのような懸念は、すでに発生しており、そののちさらに大きなものとなっていく。このような事態に対して、企業別労組のレベルではもとより、産別、ナショナルセンターでもミクロの視点としての「賃金よりも雇用を」を超えて、マクロの視点から「賃金も雇用も」という立場からの有効な取り組みの進展はこの時点ではなかった。

◇ 2003 ～ 2005 年春闘

2002 年春闘にみられた賃下げ状況は、基本的には 2006 年まで継続した。その後についていえば、2007 年と 2008 年に経済の回復を背景として、妥結段階の賃下げ率がやや減少する傾向をみせた。

2009 年には、リーマン・ショックの影響もうけて、再度賃下げ率が拡大することになる。

　連合は 2002 年春闘にあたっては賃金カーブ維持分プラス a の要求をかかげ、a については産別にまかせるという方針だったが、2003 年においては、a の文字が消え、はじめから実質的にベースアップを断念していた。春闘においてベースアップ要求をかかげなかったのは、連合結成以降はじめてのことだった。

　これまで、労働側の攻勢に対抗する組織として存在してきた日経連は、後述のように 2002 年 5 月に経団連と合併し、日本経団連となっていたが、日経連時代の労働問題研究委員会報告に代わって経営労働政策委員会報告（経労委報告）を出すようになっていた。2002 年 12 月にだされた経労委報告は、「ベースアップは論外である」として、「闘うという春闘は崩壊した」と宣言した。春闘というかたちでの賃上げ闘争に対する経営側の勝利宣言ともいえた。

　連合は、失業率の高止まり、デフレ圧力というかつてない雇用危機の下で、これを一時的なものと受け止めず、中長期的な春季生活闘争の在り方について議論を重ねるなかで、「総合生活改善の視点にたって、パート労働者を含めて労働条件の底上げと社会的普及をはかろうとするものであり、春季生活闘争の役割はますます重要性を増している」と反論したが、賃金引き上げに関するかぎりは、また従来のトリックルダウン型のベースアップを組合側から放棄したという点では、経労委報告の春闘終焉宣言が一定の根拠をもっていた。

　全労連などが構成する国民春闘共闘委員会の方でも、連合の底上げ要求と同様に誰でも月額 10000 円、1 時間 50 円以上の賃上げと、時給 1000 円以上の最低賃金など、底上げ要求が中心となり、ほかには公契約の公正賃金要求など、新しい項目もみられたが、ベースアップの追求の比重は小さくなっていた。

　各産別では、まず、金属労協は、ミニマム運動の強化によって賃

金の下支えを行うことを基本とし、統一的なベースアップ要求には取り組まないとした。傘下の電機連合、JAM、造船重機労連も統一要求としてベアゼロ、自動車総連は賃金カーブ維持分プラス a としたが、a 分の統一基準は示さなかった。軸となるトヨタは、ベースアップ要求を見送った。金属労協以外でも NTT 労組、電力総連などがベア要求を見送った。

　主要な産別のなかで、ベアを含む統一要求をかかげたのは、UIゼンセン同盟（賃金カーブ維持分プラス a）、私鉄総連（2.2%+1300円）、JR 関係の2組合（JR 総連ベア 1300円、JR 連合ベア 1000円）だけだった。

　後述の連合評価委員会の論議も踏まえ、前年に結成されていた全国ユニオン主催のパート・派遣春闘が行われたり、地方段階では公共事業関係の最低賃金を定める公契約条例制定の動きが始まったり、不払い残業撲滅などについての東京都内や札幌地下鉄のなかでの中吊り広告など、春季生活闘争の社会的役割についての新しい試みはあったが、加盟産別の賃上げには影響がなかった。

　厚生労働省調べでは、主要民間企業賃上げ率の平均は 1.63% と前年よりさらに低下した。連合調べでは、ベースアップがあったと想定される産別は、全国ガス、UI ゼンセン同盟、NHK 労連の3つだけだった。ただ一時金については、鉄鋼、自動車などで前年を上回った。企業規模別にみた妥結率では、大企業と中小企業の格差はさらに拡大した。

　国民春闘共闘参加の場合も同様で、おもな産別で 2% を超えたのは日本医労連だけで、大企業と中小企業の格差も拡大した。

　主要組合の上げ幅に呼応する従来の交渉パターンの限界が一層明確になり、加えて、賃金制度そのものの改定や企業業績が一時金を中心に配分される傾向も強まって賃上げの相場形成・波及機能が発揮しにくくなった。連合は、いずれの年も、賃金カーブの確保と賃金の底上げを最重要課題とし、労働者生活の最低保障を確保するた

めのリビングウェイジの考え方を示したりした。2005年には、「可能なかぎりでの純ベア」という用語も使用されたが、賃上げの統一要求基準は設定しなかった。具体的な活動としては、金属労協など各産別の大手企業の集中回答日とは別に、中小・地場組合の集中回答ゾーンを設定するなど、新しい取り組みも試みられた。しかし、2004年と2005年には、金属労協大手は、史上最大の利益を計上しているトヨタをはじめ日産労組を除いては引き続き軒並みベースアップを断念した。

厚生労働省調べの主要企業の賃上げ妥結率では、2004年には、定期昇給込みで1.67%と前年よりさらに低下し、2005年には1.71%と前年比でやや増加したものの、依然として定期昇給分に達しないきわめて低い水準にとどまった。産業別には両年とも、電機をのぞいて、すべて2%未満に終った。その電機連合にしても連合調べの産別回答集計では、2005年で1.59%と前年よりわずかに高いレベルにとどまっていた。同調査では、この年に2%水準を超えたのは、全国ガスとヘルスケア労協のみであった。たしかに、2003年以降、大企業においては、企業業績の上昇を一時金で還元する方式が増加して、一時金は前年比で上昇する企業が多かったが、月例給をカバーするものでなかった。その実態は、家計調査の結果がよく示している。

国民春闘共闘会議の方でもこの両年に2%を超えたのは、あいかわらず日本医労連だけで、状況はおなじだった。

こうした賃下げ攻撃に、労働組合側からの反撃は多くなかったが、全国の労災病院で組織する全労災は、人事院勧告を根拠に年間5万円の賃下げが提案されたのに反対して、11月8日に、1時間のストを決行した。

結局のところ、2002年以降、連合傘下のみならず、一般に日本の労働組合は、雇用労働者とその家族の生活にもっとも大きくかかわる賃上げでイニシアティブを発揮するという役割をほとんど失う

という事態になっていた。その後長期にわたってこの事態は続いた。賃上げを喪失した結果、家計消費は萎縮し、国民経済は成長力をなくすこととなった。

コラム　2000年代の家計の変化

表1は2000年代の勤労者家計（2人以上世帯）の変化を示している。一見して明らかなように、1年ごとに増減はあるが、2000年代の10年間の勤労者家計の実収入は2万1000円程度減少しており、家計が現実に使用できる可処分所得もほぼそれと同額減少している。

家計の実収入の低下の原因もはっきりしている。世帯主の勤め先収入の減少で、これも年によって多少の増減があるが、全体としては減少し、その減少額は約2万2000円となっている。世帯人員の減少にもかかわらず、世帯の有業人員は増加しており、それを反映して世帯主の配偶者の収入は増加しているが、世帯主の収入を全面的に補完するには至らなかった。要するに家計の貧困化がこの10年間に進行したことになる。

可処分所得が減少する以上、支出は節約するほかはない。ふつう支出のなかに占める食料費の比率はエンゲル係数とよび、この比率の高いほど、貧困度が深まるとされるが、エンゲル係数そのものは相対的に安定してきた。これは2003〜2006年の数値が示すように、勤め先収入が大きく減少する場合には、より安価の素材に買い換えるなどの行動で対処してきたことが示される。しかし、一方で、家計の黒字分はあまり減少せず、したがって消費性向は10年間をつうじて、きわめてわずかな率の上昇にとどまった。その主な原因は、老後の生活など将来の生活不安に備える貯蓄というものであったと想定される。小泉内閣期に進展した雇用制度や社会保障制度の改革がこのような傾向をさらに進展させたと想定される。

支出のなかで減少が明確なのは小遣い（使途不明）と交際費で、収入の減少により家計における自由度が著しく減退化したことが明らかで

ある。一方、この間に大きく増加したのは通信費で、家計にも情報化社会の進展が反映していた。

　表2は、家計の貧困化がどの所得階層で進行したかをみるために、2000年と2010年の十分位表をもちい、各分位の境界線の額を比較したものである。たとえば、IXとXの境界線は所得のもっとも高い10%の家計の下限を示している。各分位の境界線の数値の差額の絶対値には、最上位で年間120万円、最下位で34万円と非常に大きな格差があるが、減少率にしてみると大きな違いはないようにみえる。しかし丹念にみると、減少率がもっとも大きいのは、VとVIの境界線である。Vには下級の管理職を含む年齢の高い労働者層が含まれ、VIには中堅年齢層の一般労働者が含まれていると想定されるので、この層で賃金の低下が著しい。いわば、日本の総中流化とよばれてきた、大企業・中堅企業の従業員で、同時に組合員でもある労働者が減少すると同時に、その賃金上昇も抑制され、パートや派遣のかたちで多様な非正規労働者が増加した結果であることを、統計は示唆している。

　この2つの表が総括的に示しているのは、2000年代をつうじて、日本の勤労者層の貧困化が進展し、同時に中流の崩壊が進展したということである。このような貧困化・中流の崩壊はまた、日本の経済成長を妨げる最大の要因ともなった。その最大の要因は、1990年代以降、とくに2002年以降には、それまでの春闘による賃金の上昇がまったくなかったことにあることを統計は示している。

表1　可処分所得・支出の動向：1世帯当たり1カ月間の収入（上）と支出（下）
（二人以上の世帯のうち勤労者世帯）　　　　　　　　　　　　　　　　（円）

	2000年 (平成12年) 年平均	2001年 (平成13年) 年平均	2002年 (平成14年) 年平均	2003年 (平成15年) 年平均	2004年 (平成16年) 年平均	2005年 (平成17年) 年平均	2006年 (平成18年) 年平均	2007年 (平成19年) 年平均	2008年 (平成20年) 年平均	2009年 (平成21年) 年平均	2010年 (平成22年) 年平均
収入	562,754	552,734	539,924	524,810	531,690	524,585	525,719	528,762	534,235	518,226	520,692
支出	474,411	466,003	453,716	440,667	446,288	441,156	441,448	442,504	442,749	427,912	429,967

注：内閣府　日本経済 2018-2019　第1節　家計の所得・資産面の変化　より抜粋

表2　勤労者世帯の年間収入十分位の境界値（万円）

月	ⅠとⅡ	ⅡとⅢ	ⅢとⅣ	ⅣとⅤ	ⅤとⅥ	ⅥとⅦ	ⅦとⅧ	ⅧとⅨ	ⅨとⅩ
2000年	380	472	548	619	699	782	874	1005	1,219
2010年	346	430	498	563	630	707	802	919	1,099
差額	-34	-42	-50	-56	-69	-75	-72	-86	-120
比率(%)	91.1%	91.1%	90.9%	91.0%	90.1%	90.4%	91.8%	91.4%	90.2%

注：総務省統計局　家計調査（家計収支編）　五分位・十分位の境界値（二人以上の世帯）より筆者作成

コラム　引き上げから底上げへ

　トヨタ・ゼロベアに象徴される春闘の変化の背景には、経済や経営のシステムそのものの変質があったと考えられる。一つは、経済システムが金融主導となっていく中で、経営は、長期利益から短期利益重視へ、配分は従業員から株主へ、経営の柱は人事労務から財務へと軸足が移り、これまで労使関係を担ってきた日経連は2001年に経団連に統合されていた。

　もう一つは、企業経営のグローバル化で、これまで日本経済や賃金決定をリードしてきた主要企業が、投資の面でも配分の面でも、国民経済や内需よりも世界市場を重視する経営へと大きくシフトしていた。

　2002年に起きた事態は、こうした経営の変化を象徴する事態であり、民間主要企業が一定の賃上げを獲得し、その上昇率が相場となって全体に波及していくという春闘のメカニズムそのものが未曾有の危機に直面したといえる。

　これに対して連合は、この危機に立ち向かうには、従来のメカニズムの再構築をめざすだけでなく、中小企業や非正規雇用のセクターの労組が自力で交渉を展開する必要があるとして、2003年春闘方針では「引き上げから底上げ」の方向を掲げ、これは後の中小共闘、パート共闘として具体化されていくことになる。

　また、連合は賃金引き上げより政策課題にシフトすべきだとの主張

が一部の産別組織から出されていたが、これに対しては、すべての組合が取り組むべき課題として「ミニマム運動課題」を提起することとし、具体的には、賃金カーブの維持、全従業員を対象とした企業内最賃協定の締結、サービス残業の撲滅を掲げた。

　同時に、賃金底上げの具体的目標を示すために、マーケットバスケット方式によって最低生計費を試算し、都道府県ごとに「連合リビングウェイジ」を提示した。

3. 連合評価委員会報告とその反響

◇連合評価委員会のスタート

　2002年の春闘期間から連合評価委員会の活動が展開されていた。評価委員会は2001年12月の連合中央執行委員会で設立が確認された。

　その目的は、連合運動は、社会的な役割と責任を求められるので、外部の評価に耐えられるものでなければならないとの認識のもと、外部有識者の意見を聞く場とするものとされた。鷲尾会長時代の21世紀挑戦委員会（第2巻235ページ参照）にも外部知識人が加わっていたが、その場合は、各委員が意見を述べ、最終的にすべて連合の責任で「21世紀宣言」としてまとめられた。評価委員会はこれとは違い、外部の知識人自身が内容を取りまとめ、連合に提言するという手法がとられた。

　評価委員会の座長に中坊公平、副座長に神野直彦、委員として大沢真理、寺島実郎、早房長治、イーデス・ハンソン、吉永みち子の各氏が委嘱された。

　評価委員会の最初の会合は2002年3月18日に開かれ、同年内に3回、2003年に3回の会合が行われた。その間、地域や職場の意見を聞く目的で、11月17日新潟、12月14日大阪、12月21日東京の3カ所でタウンミーティングが開催された。

　すべてのタウンミーティングには、笹森連合会長と中坊評価委員会座長が出席したほか、評価委員会の委員、連合本部三役なども参加した。各会場では、笹森会長が今後の連合のとるべき方針を説明し、中坊座長が評価委員会での論議を披瀝したあと、参加者が意見を述べた。

　約 270 人が参加した新潟会場では、参加者からは、パート問題、政党との関係、外国人労働者問題、医療・介護、教育、地域活性化など、多様なテーマについての発言があった。中坊座長は、「弱者が不条理に泣いているとき、地域や現場で継続的に助け合うためのベースキャンプが連合なのだとわかった」と述べてタウンミーティングを締めくくった。

　大阪会場では、約 300 人が参加した。このなかには、連合傘下産別組織の単組リーダーなどのほか、パート労働者、外国人労働者、野宿生活をしながら就職先をさがしている人たちなどを支援するグループのメンバーなども加わっていた。野宿しながら就職活動をしている人びとの支援者からは、いったん失職すると、労働組合に同じ仲間として入れてもらえない、といった意見もだされた。

　東京では、労組役員や各種の支援活動を行っているボランティア団体のリーダー約 250 人が参加した。この会場に出席した大沢真理委員は、「男性稼ぎ主モデル」を特徴とする日本の社会モデルを男女両立型に変えていかないといけないと強調した。参加した産別・単組リーダーからは政党関係や地域活性化を含む多様なテーマが意見としてだされた。そのなかで、サービス連合役員は、能力給・成果給の導入や業績連動型の一時金制度が導入された結果、「単組レベルの労働組合がやるべきことがなくなってしまった」として、経営チェックやハラスメント対策など、これまでとは異なる役割をになうべきだ、と主張した。これらの意見に対して、中坊座長は、「働くことの価値を改めて見直すべきである」と強調した。

　こうした論議や意見聴取を含めて、連合評価委員会での論議が進

められた。そのなかで、神野副座長を委員長とする作業委員会が設置され、最終報告書の作成が進められた。

◇**評価委員会報告の内容**

　2003年9月に発表された最終報告書は、1. 危機の現状、量・質両面において危機的状況、2. 改革に向けての視点と方向性、労働運動のあり方、理念の再構築、3. 改革の課題・目標、4. この提言を生かすために、の4部構成となっていた。

　危機の現状においては、このままでは、「労働運動が足元から崩壊しかねない事態に直面している」という、連合にとって、あるいはこの時期の労働組合運動全体にとって、厳しい認識から出発していた。その理由としては、量的側面では、連合の組合員の減少と、全体としての組織率の低下が指摘され、正社員の劇的減少とパートタイム労働者や派遣労働者の急増という社会変化に組合は十分に対応できていない、と指摘された。

　質的側面では、カウンターパワーとしての役割があるはずだが、賃上げ闘争のような所得分配の役割においてさえ、「時代の先頭を走っている存在ではなく、時代のしんがりにかろうじてついていくようなイメージへと反転してしまっている」として、全体として、外部から評価すれば、「労働組合運動が国民から共感を呼ぶ運動になっているのか、という疑問を強く抱かざるをえない」としていた。

　改革に向けての視点では、「労働運動の根本的な使命は、社会の不条理に対して異議を申し立てることにある」とし、「マネー中心の市場第一主義ではない、労働者中心の人間第一主義という視点を世に発信していくことが労働組合の果たすべき役割である」と強調した。

　改革の課題・目標のなかでは、「企業別労働組合から突破し、社会運動としての自立を」、「働く側の視点からの新しい賃金論」、「パ

ートの均等待遇の実現を変革の突破口に」、「税・社会保障制度の決定の場への労働組合の積極的関与を」、「ネットワーク共同体としての労働運動」、「グローバルな連帯と世界から見た日本の労働運動の再点検」などが提言されていた。

　「この提言を生かすために」の項では、この提言にもとづく長期計画、中期計画、短期計画を策定するとともに、それを実現する工程表を作成することを、評価委員会は求めていた。

◇評価委員会報告への対応

　評価委員会の報告に対しては、草野事務局長が談話を発表し、「提言は示唆に富んだ多くの提起をしている」、「実行プランの策定を行う」などとした。また連合は、中央執行委員会で、「連合評価委員会提起課題の取り組み計画」を確認していた。実際には、このような明確な「取り組み計画」は作成されなかったが、連合側は評価委員会の提言に沿った具体的な取り組みを着々と実現し、また、今後の取り組みも計画しているという立場をとった。

　評価委員会の報告が発表されて約 1 年後の 2004 年 10 月 4 日に、評価委員会の「同窓会」が開催された。ここには、委員会側から、中坊座長、神野副座長、寺島実郎委員らが出席し、連合側からは、笹森会長、草野事務局長のほか、各副会長、副事務局長など主要な役員が出席者として名を連ねた。

　席上、連合側からは、「評価委員会の提言の実施状況」と題する報告が行われた。この報告のなかでもっとも強調されたのは、提言のなかにある「パート等非正規労働者、若者、女性、中小・地場産業労働者、サービス・ソフト産業労働者へは重点的アプローチを」、「地域労働運動が不可欠」などとする評価委員会報告の内容に対応するものであった。

　具体的には、パート労働者については、22 産別組織が取り組み方針をもち、2004 年 6 月現在約 32 万人が連合に加盟していること

が報告された。また個人加盟方式による組織化が全国ユニオンと各地方連合会の地域ユニオンですすめられていることもあげた。派遣労働者については、UIゼンセン同盟の人材サービスゼネラルユニオン、自動車総連のトヨタエンタープライズ労組、サービス連合の活動事例が報告された。介護関係労働者については、自治労の社会福祉法人や公社関係の組織化とUIゼンセン同盟の日本介護クラフトユニオンとをあわせて約7万人を組織している、とした。外国人労働者ではJAMの在日ビルマ市民労働組合のほか、連合大阪の事例が取り上げられた。またとくに35の地方連合会が253の地域ユニオンを結成して合わせて約1万1000人を組織している実状も報告された。

　この点に関する今後の計画のなかでは、とくに地協の役割が強調されていた。ここでは、現状の481地協を300程度に再編成し、自前の事務所をもち、労働相談、労使紛争解決などの役割を果たす多機能のワンストップサービスが可能となるような地域労働運動の拠点となることが計画されていた。財政的裏付けを含めてこのような機能に接近する具体策が講じられるのは、後述のように、多くの時間がかかることになるが、評価委員会の提言に対する連合側の回答であった。

　地域労働運動については、具体的な対応策が示された反面、産業別組織については、組織拡大や社会貢献活動の強化などがかかげられたが、唯一、地協活動強化のための財政負担の増加をもとめたほかは、具体的な目標は示されなかった。

　その他、今後の取り組みのなかでは、人権確立・男女平等推進本部（仮称）の設置や大学への労働関係の寄付講座の開設などがかかげられていた。

　こうした連合側の報告に対して、評価委員の側からは、「着実に努力しているとの印象をもった」とする意見もだされたが、多数の委員からは「労組の改革のスピードが遅く、後退しているようにみ

える」、「内容に具体性がない」、「幹部の意識改革が重要だ」などの
厳しい意見が表明された。

第3章 | 多様な労働運動への展開

国際自由労連（ICFTU）第18回世界大会（2004年12月5日〜10日、宮崎市）

2004.1.16	自民党大会で連合笹森会長、挨拶
2.3	全国ユニオン、パート・派遣春闘
3.7	電機連合、配偶者出産休暇。基幹労連、年金支給年齢への就労確保
5.15	UIゼンセン同盟、人材派遣サービスユニオン結成
7.17	参議院選挙、自民党敗北、比例区で連合候補全員当選
9.18	プロ野球選手会ストライキ
10.12	新潟県中越地震
12.5〜10	国際自由労連宮崎大会
2005.4.25	JR福知山線脱線事故
8	連合、労福協、労金協会、全労済、4団体合意
9.7	衆議院（郵政民営化）選挙、自民党大勝

【概要】

2003年10月に開かれた連合の大会では、笹森・草野体制が維持されたが、既存の労働組合は全体として、非常な困難に陥っていた。典型的には、労働組合組織率の低迷であった。

2003年には労働組合組織率は20％以下となり、その後も毎年わずかながらも比率を低下させていた。連合の組合員数も、結成当時の約800万人だったものが、2003年には約660万人にまで減少した。このような傾向は連合にとどまらず、全労連や全労協でも同様だった。組合員の減少は、1990年には全体として約1200万人を数えていたものが、2002年以降は1000万人台へ減少した。この間、雇用者数自体は、パートや派遣労働者などによって増加していた。

組織率の低下に対しては、介護クラフトユニオンのように連合の構成産別による新しい分野の開拓もあり、連合に加盟した全国ユニオンや、地方連合会による個人加盟型の新しい組織化の試みも展開されたが、大勢を覆すにはいたらなかった。

　前章で示したような賃上げ闘争の状況や 1990 年代のはじめに提起された労働時間短縮など、労働条件の基本にかかわる諸課題がまったく前進しなかったうえ、労使で決定されるべきワークルールを経営者側の要求で改悪されたり、無視される状況が随所に現れ、JR 福知山線の大事故や、さまざまな産業・企業で不祥事が発生した。

　こうしたなかでも、連合などに結集する大企業組合でのストライキをともなうような争議は皆無で、ほぼ毎年春闘期に短時間ではあるがストをともなう争議を展開したのは、全労連加盟の医労連ぐらいのものだった。

　そのかわり、これまでとは別のかたちでの争議がいくつか発生した。

　その 1 つは、プロ野球選手会のストで、観客がもっとも関心を高める時期に行われ、球団数を減らし、2 リーグを 1 リーグに再編成しようとした球団経営者たちの意向を挫折させて、選手の雇用を守るという基本方針は貫徹した。

　一方、グローバリゼーションの進行下で発生した典型的な争議は東急観光をめぐるものであった。経営難に直面した東急電鉄は、外資系のいわゆるハゲタカ資本に東急観光を売却したが、従来のワークルールがまったく無視されたことから争議が発生した。この争議では、労働委員会と裁判所が主たる舞台となったが、サービス連合に属する労働組合が完全勝利をおさめ、ハゲタカ資本は撤退した。

　グローバリゼーションにともなう日本企業の外国進出で、海外での争議も発生した。フィリピン・トヨタの解雇反対争議がその典型で、当初は IMF（国際金属労連）がフィリピン・トヨタ労組を支援したこともあり、本国日本の自動車総連も会社側に対して非公然に解決策を提起したこともあったが、フィリピン・トヨタ労組が拒否したために、実を結ばなかった。

　内容は異なるが、アメリカ・ハワイで発生したパシフィック・ビーチ・ホテルの争議では、連合が、同ホテルの主要な顧客であった日本人観光客を観光会社などが紹介しないように要請するなどの支援を行い、組合

側が勝利をおさめた。

　全体としていえば、従来の労働組合の主力部分では、停滞と苦悩が続いたが、これまでとは異なる分野では、新展開もみられた。上述の争議とともに、貸金業法の改正までをかちとった労福協の活動や、年金問題などで活動を活発に行った退職者連合にその事例をあげることができる。このうち、地方労福協の活動としては、婚活までを含む多様な活動が展開された。地方連合会などで発展した労働相談もその事例に属する。のちのことになるが、連合、中央労福協、労働金庫、全労済のあいだでは、これらの組織のあいだの相談活動についての協力と役割分担に関する協定も締結された。

1. 2003年連合大会

　2003年10月3日から2日間、連合は第8回大会を開いた。この大会を前に、労働組合での最大の問題は組織率の低下だった。労働組合の推定組織率は、連年低下しつづけていたが、この年6月の厚生労働省調査の労働組合組織率でははじめて20%を割り込んだ。連合自身1989年の結成大会には加入組合員数が800万人を超えていたが、この年には、登録人員は約690万人程度となっていた。

　このため、運動方針では、2年前と同様、組織拡大が最優先課題としてかかげられた。このなかでは、関連企業の組織化や連合未加盟組合の加盟促進、パートタイム労働者など非正規労働者の組織化、中小・地場労働者の組織化などが重点としてかかげられた。さらに組織化のポイントとして、地域における労働組合活動の強化がうたわれ、とくに、各地方連合会のなかに設置されている地協（地域協議会）の強化がうちだされた。地協については、専従者の配置が強調された。地域における組織化に関しては、従来、都道府県単位に認められてきたいわゆる地域ユニオンに加え、地協ごとの地域ユニオンを確立することも運動方針には盛り込まれていた。

　地域活動の強化を含め、組織化活動のための予算として、前大会同様、引き続き連合予算総額の 20% が充当されることも決定された。これらの方針の内容に関しては、連合評価委員会の報告書と論議が大きく反映していた。

　連合の 2003 年大会の 1 つの特徴は、会長選挙が行われたことであった。通常は、会長は、事務局長などとともに、大産業別に選出されている役員推せん委員会で内定していたが、この大会では、笹森現会長に対抗して、UI ゼンセン同盟の高木剛会長が立候補したため、大会上での選挙となり、代議員の投票の結果、笹森会長が再任された。草野事務局長は無投票で再選され、笹森・草野体制が継続することとなった。

　一方、全労連は結成以降、定期大会と臨時大会というかたちで、通常年 2 回の大会をもっていたが、2000 年の定期大会で、規約が改正され、定期大会は隔年に開催されるようになっていた。2003 年は中間年で定期大会は開催されなかったが、加盟組合員は、厚生労働省調査で 100 万人をきり、連合同様、組織化が大きな課題となっていた。

　全労連が大きな課題としてきたものの 1 つは、中央と都道府県における労働委員会の委員選任問題であった。2003 年の地方労働委員会の任命では、新たに東京都の委員に JMIU の代表が任命され、従来の大阪、宮城など 7 府県に加え、8 都府県となった。全労連は ILO の代表にも加えるべきだと主張し、ILO からも、代表に空席が発生した場合には考慮せよ、などとする勧告も行われたが、結局オブザーバーとしての参加を連合も認めることとなった。

　表は 1965 年を起点とする労働組合員数と組織率、とくに非正規労働者のなかでも女性を中心とするパートタイム労働者分野での組合員数・組織率を示している。ここでは、1965 年以降一貫して労働組合員数と組織率の低下が示されているが、同時に 1990 年代を境にして、組織率の低下の内容に大きな違いがあることも示される。

　第一に注目すべきことは、雇用労働者数と組織率の関係である。1995 年までの数値では、たしかに組織率は大幅に低下しているが、組合員数が減少しているわけではなかった。典型的には、第 2 次産業から第 3 次産業への就業構造の変化により、分母となる労働者数が増加しても、この増加がこれまでの労働組合員が少ない産業での雇用であるため、分子である組合員の増加が起きなかったのが、組織率の低下を引き起こしたというのが特徴である。これに対して、1995 年以降では、分子にあたる労働組合員の絶対数が横ばいというよりは減少に転じているのが特徴である。ここでは、製造業を中心として、一方ではパートタイム労働者や派遣労働者のような非正規化が進展したこと、加えて製造業の海外進出による国内工場の空洞化が影響していることが原因であった。

　同様に注目すべきことは、1990 年までは、労働組合数そのものが減少しているわけではなかったのに対して、1990 年代以降はその数が顕著に減少しているということである。ここには、バブル崩壊以降の不況期における企業倒産と、自動車・電機に典型的にみられたような、親企業が海外に進出すると、サプライチェーンを構成する部品企業が国内の工場を閉鎖し、海外に移転するといったビヘイビアが作用していた。

　第二に注目すべきことは、この表では短時間雇用者数で示されているが、非正規労働者数の増加と、その組織化との関係である。1990 年以降、2010 年までに短時間雇用者数は、年々変動はあるもののほ

ぼ一貫して増大し、約 600 万人から約 1300 万人へと 2 倍を超えている。この統計では短時間雇用者のみを表示しているが、短時間ではない疑似パート、派遣労働者、嘱託など各種の非正規労働者を加えると、1990 年以降 20 年間の雇用者総数の増加の過半に達する。このような非正規労働者は、当時の一般的傾向としては、ユニオンショップ協定の対象外となることが多く、組織率は低くなる。実際には、パートタイム労働者の組合員数は 10 万人未満から 2010 年の 70 万人超まで増加した。組織率は、1990 年の 1.5% から 2010 年の 5.6% まで増加した。これらの数値は労働組合の努力が反映していることは間違いないが、2010 年段階でも、推定組織率はその水準にとどまっていた。

表　労働組合の組合員数と組織率の推移

年	単位労働組合			推定組織率		雇用者数	
	労働組合数	労働組合員数	パートタイム労働者の労働組合員数		パートタイム労働者		短時間雇用者数
	組　合	人		%		万人	
1965	52,879	10,069,761		34.8		2,914	
1980	72,693	12,240,652		30.8		4,012	
1990	72,202	12,193,396	97,150	25.2	1.5	4,875	629
1995	70,839	12,495,304	184,240	23.8	2.1	5,309	864
2000	68,737	11,425,804	259,860	21.5	2.6	5,379	1,017
2001	67,706	11,098,530	280,196	20.7	2.7	5,413	1,042
2002	65,642	10,707,978	292,784	20.2	2.7	5,348	1,097
2003	63,955	10,437,123	331,079	19.6	3.0	5,373	1,098
2004	62,805	10,209,154	362,570	19.2	3.3	5,371	1,107
2005	61,178	10,034,433	389,035	18.7	3.3	5,416	1,172
2006	59,019	9,961,299	515,083	18.2	4.3	5,517	1,187
2007	58,265	10,002,426	588,031	18.1	4.8	5,565	1,218
2008	57,197	9,988,736	615,851	18.1	5.0	5,565	1,232
2009	56,347	10,006,062	700,067	18.5	5.3	5,455	1,317
2010	55,910	9,988,454	726,113	18.5	5.6	5,447	1,291

2. 新しい労働組合組織

◇コミュニティ・ユニオンと全国ユニオンの連合加入

　2003年の連合大会には、この年6月に連合加盟が承認された全国ユニオン（全国コミュニティ・ユニオン連合会）の代表が参加していた。全国ユニオンは、日本全国に広がるコミュニティ・ユニオンの加盟組織であった。

　コミュニティ・ユニオンは、東京ユニオンのようにその前身を1970年代末までさかのぼるものもあるが、代表的な事例でいえば、江戸川ユニオンの結成は1984年であった。コミュニティ・ユニオンは、その名のとおり、地域に基盤をおき、かつ、個人加盟を基本としていたことに特徴があった。これは、それまでの組合が、職場を基礎としていたのに対して、新しいかたちでの組合組織のあり方だった。従来も全国一般労働組合のように、個人加盟を認める組合もあったが、この場合でも実際上の主力は、小規模・零細企業における職場単位で組織されているというのが実態であった。コミュニティ・ユニオンの場合でも、同じ職場の数人が加盟するというケースもあったが、あくまで地域での個人加盟を原則としていたことに特徴があった。

　1980年代の状況では、企業別組合の多くは、その規約などで組合員の範囲を正規労働者に限定しており、その意味ではコミュニティ・ユニオンへの参加者は、それまでの日本の労働組合からははみだした人びとであった。同時に、このような労働者の多くは、いわゆる主婦パートにみられるように、その人生を職場ではなく地域においていたという特徴もあって、地域に根拠をおく組合の成立には大きな意義があった。

　コミュニティ・ユニオンには、労働法上の労働者の規定にかかわらず、働く人びとの自由な意思で加入することができる場合も多く、喫茶店の個人経営者などが参加していた事例もあった。その活

動は幅広く、さまざまな相談活動を軸として、賃金や残業代の不払いをめぐる経営者との交渉や争議行為のほか、各種のイベントなど組合員間の触れ合いに大きな力を注ぐのが普通であった。

　コミュニティ・ユニオンに参加する労働者は、パート労働者や零細企業労働者が多く、一般に低賃金だったから、組合費も安く設定されるのが普通だった。平均的なコミュニティ・ユニオンの組合費は一律 1500 円程度で、所得におうじて加算する仕組みをもつところもあった。大多数のコミュニティ・ユニオンは、全労済と提携した共済制度をもっており、組合費の半額程度はこの共済の運用に充てられていた。この組合費でユニオンを運営するには困難なケースがあったが、労働 4 団体時代には総評系の地区労から専従者の配置などに協力が行われたケースがあったほか、地域の各種のイベントに対する自治体からの補助や、使用者との交渉で獲得した労働債権の一部を関係する組合員が寄付することで、当該のコミュニティ・ユニオンの財政を支えた例もあった。有力なコミュニティ・ユニオンの 1 つである東京ユニオンの場合、組合費と寄付金の資金が、財政を支えていた。

　1980 年代からは、コミュニティ・ユニオン以外にも、個人加盟を基本とする各種の労働組合が発展していた。管理職ユニオン、女性ユニオン、障害者ユニオンなどがその例だった。このような個人加盟型の組合は、1990 年に歴史的な伝統をもつ江戸川ユニオンに本部をおくユニオン全国ネット（コミュニティ・ユニオン全国ネットワーク）という組織をつくり、年 1 回の全国集会を開催し、経験の交流などを行っていた。全国ネットに参加するユニオンは、北海道から鹿児島まで、ほぼ全国に拡がり、その加盟人員は約 1 万 5000 人となっていた。

　このネットに参加するコミュニティ・ユニオンのうち、コミュニティ・ユニオン北海道、おおだてユニオン、なのはなユニオン、東京ユニオン、東京管理職ユニオン、なにわユニオン、せんしゅうユ

ニオン、大分ふれあいユニオンの8組合は、2002年11月3日に、新たな産別組織として全国ユニオン（全国コミュニティ・ユニオン連合会）を立ち上げた。このうち、東京管理職ユニオンは、設立の時点で、全労協に参加していたが、脱退して全国ユニオンに参加した。

　全国ユニオンは、連合加入を目的として設立されたものであり、結成後すぐに連合加盟の申請が行われた。全国ユニオンは、ユニオン全国ネットと対立する組織ではなく、全国ユニオンに参加する組合もいぜんとして全国ネットに参加していた。全国ユニオンの結成は、多くのコミュニティ・ユニオンが連合に参加するためのさきがけとなるものとされた。

　加盟申請をうけた連合は、2002年12月の中央執行委員会でその承認をめぐる論議が行われた。この委員会の中では、かなりの異論がだされた。とくに全国ユニオン加盟の東京管理職ユニオンの規約について、「不安を抱いている構成組織がある」、「慎重に判断すべき」などとする意見がだされた。連合事務局側からは、「構成組織の理解がえられるよう努力する」、「連合の方針を守っていくことを前提に管理職ユニオンの規約を確認する」という方向が示され、この段階では加盟手続きについては慎重に進めることが確認され、加盟はいったん保留とされた。

　その後、連合と全国ユニオン側、加盟に慎重な産別や地方連合会などの側との意見聴取が行われた。2003年2月の中央執行委員会には、地方連合会のなかには、「過去のいきさつなどで諸問題があるので時間をかけて関係組織と相談していきたい」（連合東京）といった消極的意見と、「加盟申請をしている2つのユニオンとはこれまでも連携対応しており問題はない」（連合大阪）といった積極的意見の両方が紹介された。論議の結果、最終的には、この中央執行委員会では、「連合の進路と役割、規約・綱領を遵守していることを改めて全国ユニオンに確認する」、「今後全国ユニオンに新規に加入

するコミュニティ・ユニオンに対しても、上記の委員会の基本方針を全国ユニオンとして確認してもらう」という条件で2003年6月の中央委員会までに加盟手続きを進めることを決めた。このような経過をへて全国ユニオンの連合加盟は2003年6月の中央委員会で承認されることとなった。

その後、全国ユニオンには、日雇い派遣労働者などによって結成された派遣ユニオンも加盟した。

なお、全国ユニオンとは別に地方連合会において個人加盟の地域ユニオンが組織されている。連合の構成単位は、産業別組織が原則とされていたが、地方連合会や地協が設置している労働相談などを解決するための労使交渉の必要から、地方連合会を単位とする個人加盟の組合がつくられるようになっていた。これが1996年の方針で、地域ユニオンとして正式に認められることになった。この方針決定に際しては、同年開催された全国コミュニティユニオン全国集会に鷲尾連合事務局長（当時）が招かれたことも一つのきっかけとなった。これ以降、地域ユニオンの加盟組合員数は連合組合員数に含まれるようになり、2003年9月現在では9000人を超えた。

◇介護クラフトユニオンと人材サービスゼネラルユニオン

新しい組織のなかで、もっとも大きな動きは介護クラフトユニオンの結成だった。2000年4月1日介護保険法が施行され、日本の高齢化に対処する措置として導入された介護保険制度がスタートした。高齢化に対処するための制度としては、北欧など福祉国家のもとでは、施設介護が重点とされてきたが、日本の介護保険制度のもとでは、在宅介護が重点とされた。この在宅介護制度のもとで、実際に高齢者の介護にあたるのは、講習などによって2級ヘルパーなどの資格を確保した、いわゆるホームヘルパーだった。

介護保険制度のもとで、企業やNPOがこの分野に参入して、事業活動を開始していた。これらの企業や団体が、今後大量の人材を

かかえることになると予測されるこの分野では、ヘルパーの多くが女性労働者であった。これらの労働者は、介護労働に対する単価が低く設定されていたこともあり、低賃金での雇用となることが予測されていた。

　この介護労働者の組織化に積極的に取り組んだのは UI ゼンセン同盟だった。介護保険が施行される直前の 2000 年 2 月 27 日、UI ゼンセン同盟日本介護クラフトユニオンの結成大会がひらかれた。初代の会長に選出されたのは菅井義夫・UI ゼンセン同盟副会長で、就任あいさつのなかでは、同労組の位置づけを「働きやすい環境や労働条件の整備のための健全で安定的な労使関係の確立、行政への統一的な対応を可能とするため、職業別労働組合、いわゆるクラフトユニオンを結成した」と述べた。

　介護クラフトユニオンは、その名称が示すように、職能を加入要件としていたから、個人でも加入できるようになっているが、実際には在宅介護サービス提供の大手企業などと、パートタイム労働者を含むユニオンショップ協定を締結して、全従業員の組合員化をはかることに重点がおかれた。訪問看護の最大手であったコムスンや施設介護大手のニチイ学館などがその例で、結成の時点では組織された企業が 22 社、従業員数約 1 万人だった。加盟人員はその後約 3 万人に達した。このうちコムスンはのちに介護報酬の不正請求などが発覚し、事業は分割譲渡されたが、組合員の多くは介護クラフトユニオンにとどまった。

　介護クラフトユニオンは、各種労働条件の整備や苦情処理活動のほか、とくに共済活動に力点をおいた。

　自治労も 1999 年の大会で、介護労働者の組織化方針を決定していた。ただ介護クラフトユニオンと異なるのは、自治体が直接経営するか、またはそこから社会福祉法人化された特別養護老人ホームなどの施設における介護労働者の組織化に重点がおかれ、在宅介護の場合でも、市町村と関係が深い社会福祉協議会に所属する介護労

働者の組織化が重点とされ、介護クラフトユニオンとのあいだでは、結果的に、一定の棲み分けが行われたが、就業構造の変化をみすえて、新しい分野での組織化を推進しようとする点では共通していた。

　2004 年 5 月 15 日、UI ゼンセン同盟人材サービスゼネラルユニオンの結成大会が開かれた。この組織は、これも急増している派遣とか請負とかで働く労働者を組織化しようという試みで、従来の労働組合からいえば外延的な分野での組織化の試みであった。ゼネラルユニオンという名称は、多様な働き先や働き方にかかわらず、派遣元などの派遣・請負という雇用形態を軸として労働組合を組織していく、という意味で使用された。初代の会長は二宮誠・UI ゼンセン同盟副書記長で、結成大会でのあいさつのなかで、「人材派遣業界をカバーする包括的な労働組合」であるとその性格を強調した。活動計画では、苦情処理機能・生活応援機能の充実、休業補償制度の確立などがうたわれた。共済が重視されたのは介護クラフトユニオンと同様であった。発足時には、パソナ、マンパワー・ジャパンなど 8 組織の約 1 万 7000 人が加盟するものと発表された。すでにこの分野では、個人加盟型の派遣ユニオンも結成されていたが、派遣にかかわる企業に所属する労働者をユニオンショップ型ですべて 1 つの組合に組織するという点では最初の試みであった。

3. 新しい争議

◇プロ野球選手会スト

　連合の外のことであったが、2004 年 9 月 18 日と 19 日に、プロ野球選手会がストを実施し、この両日には予定されていたプロ野球の一軍と二軍の全試合が中止された。

　労働組合としてのプロ野球選手会の歴史は古い。選手会は、最初、1946 年 11 月に任意団体として設立された。任意団体とはい

え、球団経営者との対等な立場とプロ野球選手の人権保障と球団選択などの自由をうたった憲章をもっていた。1980年には社団法人の資格をとり、社団法人日本プロ野球選手会となった。1984年には、労働組合日本プロ野球選手会が発足した。初代の労働組合委員長は、読売ジャイアンツの中畑清だった。球団側からは、選手との関係は個人契約なので、正式な労働組合ではない、との意見もだされたが、東京都地方労働委員会は1985年に労働組合として認定し、法人登記も行われた。それ以降、プロ野球選手会は、社団法人と労働組合の2つの法人格をもったことになる。

　プロ野球選手会は、当時の12球団のそれぞれにおかれる球団選手会を下部組織としてもつこととなっている。一時ヤクルトスワローズの選手会は労働組合から脱退した。脱退の理由は、親会社のヤクルトに労働組合が存在しなかったことにあった。しかしその後、労働組合としてのプロ野球選手会に復帰し、すべての球団の選手が参加することとなった。

　労働組合と社団法人の加盟者については違いがあり、各球団の監督は、社団法人のメンバーにはなるが、監督は球団を保有する会社の利益を代表する管理職ということで、労働組合には参加しないこととなっている。

　プロ野球選手会に対峙する球団経営者の組織としては、ともに略してNPBと呼ばれる日本プロフェッショナル野球組織と文科省所管の公益法人である社団法人日本野球機構があった。後者にはコミッショナーがおかれていたが、実質的な決定権限を持つのは、各球団の代表が構成する前者の実質的な指導機関であり、各球団の代表によって構成される実行委員会であった。

　1990年代にも、一定期間ある球団に属した選手本人の球団選択の自由を認めるフリーエージェント制度をめぐる対立から選手会側がストライキを構えるなどのことがあったが、2000年代に入ってから選手会とNPBの関係はいっそうぎくしゃくするようになった。

2002 年には、選手会が、団体交渉を拒否しつづける NPB を相手ど
って、東京都労働委員会に不当労働行為救済の申し立てを行った。
この申し立ては 2004 年に、協議・団体交渉のルールを定めた覚書
を締結するなどの内容で和解が成立した。

　この和解の成立から 3 カ月後の 2004 年 6 月、争議に発展する新
しい問題が発生した。その発端となったのは、近鉄バファローズの
親会社である近鉄の借入金がかさみ、経営難に陥っていたことにあ
った。これまでも、球団の親会社が変わり、南海ホークスから福岡
ダイエーホークスへの移行など、オーナーと球団名の変更なども多
くあったが、今回の特徴は、近鉄側がオリックスとの合併を求めた
ことにあった。合併すれば、球団数が減少することになり、選手の
雇用問題も発生する。読売ジャイアンツのオーナーである読売新聞
の渡辺恒雄社長らは、これを機に、現状の 6 球団ごとの 2 リーグ制
から 8 ～ 10 球団からなる 1 リーグ制に変えようとする動きを急速
に進めていた。7 月 7 日に開かれたオーナー会議では、両球団の合
併を承認し、8 月 10 日には両球団が合併基本合意書に署名した。

　球団数の減少に危機感をもったプロ野球選手会は、2004 年 7 月
10 日、臨時大会を召集した。ここでは、球団数の削減を織り込ん
だ近鉄とオリックスの合併を 1 年間凍結すること、合併が強行され
た場合にはストライキ権を行使する場合もありうること、などを決
議した。この段階では 9 月 11、12 の両日にストライキを実施する
ことになっていた。この両日は両リーグの終盤戦で、首位をめぐる
競り合いもあって、観客数がもっとも多くなる土曜日と日曜日であ
った。

　選手会の臨時大会の前日、古田敦也会長は、記者団に対して、球
団のオーナーと話しあいたい、とする意向を表明していた。これ
は、球団代表レベルとの会談では実質的な意思決定ができない、と
いう事情があった。これに対して、読売新聞の渡邉社長は「無礼な
ことを言うな。分をわきまえなきゃいかんよ。たかが選手が」と発

言したことが朝日新聞で伝えられた。選手会のスト態勢には、このようなオーナー側の人権無視の考え方が大きく影響していた。

連合、とくに笹森会長は、早くから選手会の動向に関心を寄せていた。8月12日には、笹森・古田会談が行われた。笹森会長は、渡邉社長の発言について、「いかなる企業の経営者であっても、話し合いを拒否することは許されず、怒りを禁じえない」と非難し、ストライキについて、スト権の確立やストの実施方法、損害賠償請求などについての法律上の問題を解決するための手段などについてアドバイスした。

最初のスト予定日を前にした2004年9月9日、球団代表が加わった日本プロ野球機構と選手会とのあいだで、はじめての団体交渉が行われた。ここでは確約はされなかったが、近鉄・オリックス統合の1年延期などについて考慮する、などの点で暫定合意が成立したため、11、12日のストライキはひとまず延期された。

プロ野球選手会側は、つぎの土曜日、日曜日である9月18日と19日にふたたびストを構え、16日と17日の団体交渉に臨んだ。しかし、この団体交渉は、結局、球団側が従来の考え方をあらためなかったために決裂した。

2004年9月18日、19日には、プロ野球選手会のストが実施された。この両日にわたって、プロ野球のすべての試合が中止となった。このストライキ期間中、各球団の選手会は、試合が予定されていた会場でサイン会や握手会などのイベントを開いて、ファンに対応した。

9月22日と23日に、プロ野球選手会と各球団代表が参加する日本プロ野球機構とのあいだで団体交渉が行われた。その結果、合意が成立して争議は解決した。この合意のなかでは、日本プロ野球機構が、12球団制の維持、新規参入球団の預かり保証金額の引き下げなどを認め、選手会側がオリックス、近鉄の合併1年凍結を取り下げた。要するに、2リーグ制を維持すること、そのた

めに新しい球団の参加を容易にすることで交渉がまとまったこと
になる。

　その後、仙台を本拠とする楽天のパ・リーグへの参入が認めら
れ、既存の近鉄からの移籍などをめぐってなお交渉が行われたが、
基本的にはこの争議はプロ野球選手会側の勝利で終わった。

◇東急観光争議

　2004 年 3 月、東急電鉄は、悪化する経営状態を改善する一環と
して、子会社の東急観光の株式の 85% を、本拠をタックス・ヘイ
ヴンとよばれるケイマン島におく、独立法人アクティブ・インベス
トメント・パートナーズに売却した。売却価格は約 25 億円であっ
た。売却にあたって、東急観光の名称はそのまま継続された。

　東急電鉄の子会社時代の東急観光では、東急観光労組はサービス
連合に加入していたが、労使関係も比較的良好だった。しかし新し
い投資ファンドへの企業売却後、労働組合無視・労働組合つぶしの
攻撃を受けることになった。新株主が労働組合に敵対的かつ急激な
改革を強引に進めようとしたためだった。

　2004 年 5 月のことだった。夏の一時金は春闘で実質的には労使
合意し、支給確定を残して継続協議となっていた。ところがその支
給確定にむけた団体交渉を続けるさなか、突然会社から夏の一時金
不支給の決定が一方的に社長メッセージとして社内メールで通知さ
れた。

　労組側としては当然のことであるが、労使交渉経過を無視する対
応に抗議し、その後も団体交渉を重ねたが進展はなかった。労組側
は、さらに、事態の打開にむけ会社に対して労働委員会への調停・
斡旋の提案なども行いながら交渉を継続させたが、会社の夏の一時
金不支給という回答は変わることはなかった。このため東急観光労
組は①夏期一時金問題、②団体交渉応諾義務違反、③団体交渉に実
質的権限者の出席と誠実対応、④支配介入の中止を柱に 2004 年 6

月に東京都労働委員会に不当労働行為救済の申し立てを行った。しかし会社の対応は変わることはなく、2004年7月には人事考課制度の一方的凍結を通知するなど、労働組合の対応にことごとく対抗措置を講じ、不当労働行為はとどまることはなかった。

こうした状況を受けサービス連合は、2004年6月に東急観光労組支援対策会議を発足させ、物心両面の支援を確認した。

2004年9月には都労委から問題解決にむけ労使で十分話し合うことや一定額の夏期一時金支払いを促す内容の要請書が出された。その後2004年11月には、夏期一時金に代わる社内緊急融資を行い、差額は賞与支給時に精算することを盛り込んだ和解調停案が出された。しかし、会社は要請書、和解調停案の双方を拒否した。

ほぼ時期を同じくして会社は、年間業績賞与の支給に当たり2004年12月に一律10万円の仮払いを行うとの社長メッセージを流した。労働組合は夏の一時金支給は未払いとの立場からその分を含め12月と翌年1月に合わせて2ヵ月分を支給することを内容とする要求書を提出した。その結果、12月の仮払いを行わせるため、2004年度に限って会社が提案していた年間業績賞与の考え方を組合側が了承し、2004年12月の10万円の仮払いと1月の本支給について決算見込みにより交渉を行うことで合意した。

その直後、会社は業績賞与の配分については固定部分なし、一時金の交渉は行わず原資、配分をすべて会社が決定することなどの労働協約化を求め、労働組合が応じなければ仮払いの支給も行わないと提案してきた。労働組合は、労組が要求を行わなければ会社はメッセージどおり仮払いを行わなければならないとし、あえて要求書の撤回という対処をとった。

東急観光労組は、こうした一連の経過や会社の急激な対応の変化の背景には、交渉の意思決定はファンド会社にあるとの判断から、要求書撤回直後に「ファンド会社は労働組合法上の使用者にあたる」とし、ファンド会社に対し団体交渉開催の要求書を提出した。

これに対しては、2004 年 12 月、ファンド会社から団交に応じる立場にないとして団体交渉の開催を拒否する書面が届いた。

　組合側は、東京都労働委員会に団体交渉の応諾義務違反に対する不当労働行為救済の申し立てを行い、「ファンド会社が使用者の立場にある」との判断を求めた。これに対して、会社側は 2004 年 12 月に社員会を発足させ、2005 年 1 月には「社員会と年間業績賞与で合意したため労働組合から社員会に加入した社員には業績賞与を支給する」とのメッセージを配信し、露骨な組合つぶしと脱退工作をエスカレートさせた。会社側は、都労委に出していたファンド会社に対する不当労働行為救済申し立てを取り下げない限り組合員に一時金は支給しない、またその団体交渉にも応じないとの主張を繰り返す一方、執拗な脱退工作を続け 1800 名いた組合員は 670 名まで減少した。

　2005 年 2 月、都労委から和解にむけた協定書案が提示された。これに対して会社は修正を要求した。都労委は労使双方から意見聴取は行ったが修正を行わず、そのまま「勧告」に切り替えた。これを会社は受け入れることはなかった。

　このような経過から、顧問弁護士である宮里邦雄弁護士のアドバイスもあり、労働委員会では労使関係の正常化に問題を絞り、一時金などの具体的請求は裁判闘争で争うとの整理を行い、組合員代表 30 名からなる原告団を組織し、2005 年 3 月に一時金の支払いを求めて会社を東京地裁に提訴、2005 年 4 月には脱退工作について提訴した。これに対し会社は一度労働組合に提出していたその年の昇級者リストを回収し、原告団に入っていた 2 名の組合員の名前を削除し公表した。

　サービス連合は、2004 年 6 月の支援対策会議設置後、2005 年 7 月の第 4 回定期大会では東急観光労組への「特別支援決議」を採択し全面的支援を確認した。その後支援対策会議の議論の経過を受け、不測の事態にそなえ緊急融資を行うことや弁護士費用など必

要経費の立て替えを行うことを確認した。2005年1月の連合中執では争議の経過報告と各産別へ支援の要請を行った。同じく2005年1月のサービス連合第4回中央委員会では会社への抗議声明の決議を行い、各組合から寄せられた抗議声明と共に会社に提出した。2005年4月には連合本部が支援を確認し、連合東京をはじめ、各地方連合会も事態収拾のための要請行動を行うなど幅広い支援と協力を行った。

連合はまた国土交通省、業界団体に争議の概要説明と支援を要請した。国会議員への陳情なども行い、衆参両院の厚生労働委員会や国土交通委員会においてもこの問題が取り上げられた。2005年5月には厚生労働省に「投資ファンドなどにより買収された企業の労使関係に関する研究会」が設置され、社会的にも注目を集めた。研究会に出席した東急観光労組は、投資ファンドの使用者責任を認めるよう繰り返し訴えた。

このような経過の後、2005年6月の団体交渉で会社は一時金の支払いを表明してきた。これにより労働組合は都労委の申し立てと地裁の提訴を取り下げ、一時金をめぐる問題はようやく解決した。その後、和解にむけた自主交渉が行われた結果2005年11月に全面的に和解が成立した。

課題の解決後、東急観光労組は社員会から労働組合へのカムバックキャンペーンを行い、組合員の拡大に取り組んだ。ただ従業員会から労働組合への復帰は少数にとどまった。

その後、東急観光は、投資ファンドから、東武グループに売却され、東急観光労組は、東武トップツアー労組に名称を変え、サービス連合の一員として活動をつづけた。社員会の方は2017年6月に解散した。

同様の投資ファンドの株の買い占めによるそれまでの労使関係の破壊はほかにも例がある。こうした事例のなかには、JAM傘下の日本コンベヤ労組のケースや私鉄総連傘下の阪神電鉄労組のケース

などがあった。

この時期よりもあとのことであるが、日本マクドナルドで労働組合が結成されて JAM に加盟した。きっかけは、いわゆる「名ばかり店長」をめぐる問題であった。日本マクドナルドの直営店では、就業規則で店長以上の従業員を労働基準法上の管理監督者として扱ってはいなかったが、実質上は、通常の従業員なみに経営側の指示にしたがって仕事に従事するのが普通であるにもかかわらず残業代を支払っていなかった。これに対して、1 人の支店長が過去 2 年分の残業代割り増し賃金の支払いなどを求めて、東京地裁に訴訟を提起した。この訴訟は、「名ばかり店長」問題として、マスメディアでも大きく取り上げられた。

2008 年 1 月、東京地裁はこの訴えを基本的に認める判決をくだした。理由としては、この店長は、アルバイトの採用・育成・勤務シフトなど重要な職責をもっているが、その職責は店舗内の事項に限定されていて、企業経営上の必要から経営者と一体的な立場での重要な責務と権限を付与されているとは言いがたいうえ、職務給が付与されているが一般労働者の賃金と大きな差はなく、管理監督者の立場とは認めがたい、としていた。要するに実態からみて、労働基準法上、残業手当の対象から免れるとはいいがたい、というのが東京地裁の判断だった。勝訴した店長らは、翌 2009 年に日本マクドナルド労組を結成した。

日本の主要企業が外資系会社に買収されたからといって、すべての企業が従来の労使関係を破壊されたわけではなかった。その例として西友ストアをあげることができる。

西友ストアは、1963 年に株式会社西友ストアが設立されて以来、西武セゾングループの中核企業の 1 つとして、全国的にチェーンストアを展開してきた。しかし 1990 年末以降、大規模に拡大した食品関係の売上が伸びず、多額の負債を抱え込むことになった。このため、2002 年には、世界最大のスーパーであるウォルマートとの

提携に踏み切り、実質的にその傘下に入った。

　ウォルマートは、アメリカ系企業のなかでももっとも反労働組合主義の経営思想をもつ企業で、中国以外の世界のすべての国で、店舗における労働組合の存在を認めていなかった。西友労働組合は、もともとはチェーンストア労協に所属し、JSD の有力組合の 1 つで、西友ストアがウォルマートの傘下にはいることによってその存続に問題が発生することが予測された。しかし、実際にはそうした問題は発生しなかった。その理由は、労組側が希望退職募集など経営側の施策に協力したこともあるが、旧西友時代からの人事担当者がウォルマート側に十分な説明を行い、従来の良好な労使関係の維持に大きな役割を果たしたことにあった。

◇海外での争議①フィリピン・トヨタ

　経済のグローバル化にともない、日本にかかわる海外での争議も少なくなかった。その 1 つはフィリピン・トヨタの争議であった。フィリピン・トヨタ（Toyota Motor Philippines Corporation、略称 TMP）は、1998 年 8 月、マニラ近郊のサンタロ市に設立されていた。従業員は約 1300 人だった。この会社は、トヨタの名称をもっており、設立当初は、トヨタは運営には責任をもっていたものの、全額出資していたわけではなく、現地の有力銀行であるメトロ銀行グループが有力な株主としての地位をもっていた。このため、TMP は、直轄会社としてではなく、関連会社として位置づけられていた。

　TMP では、設立当初から、労働組合組織化の動きがはじまり、フィリピン・トヨタ労働組合（TMPCWA）が発足し、従業員全員を対象とする認証選挙の実施を申請していた。TMPCWA は 2000 年 3 月に実施された認証選挙で勝利し、5 年間有効の団体交渉権を確保した。

　これに対して TMP の経営側は、団体交渉を否定するとともに、フィリピン雇用労働庁に対して、選挙無効の訴えを申請した。争

議の発端は、この訴えをめぐる TMPCWA の行動にあった。この訴えの審査にあたって雇用労働庁は公聴会を開いたが、この公聴会に TMPCWA 側は多数の組合員を出席させた。これに対して、TMP の経営側は無断欠勤を理由として、227 人を解雇した。ここから TMPCWA による解雇反対争議が始まった。2000 年 3 月 28 日、TMPCWA は 2 週間のストライキを開始し、生産はストップした。このストライキについては、4 月 1 日、雇用労働庁長官が、TMP はフィリピンにおける重要産業であるとして、スト禁止命令をだし、この段階で、ストライキは中止された。

　TMP の経営側が団体交渉を拒否した理由は、従業員による認証選挙に不正があり、その認証は認められない、というものであった。団体交渉権を認めた雇用労働庁に対して TMP の経営側は訴訟を提起し、高裁はこれを認めたが、最高裁は 2003 年の 9 月に、これを覆し、仮処分のかたちで団交権を確認した。

　この間、TMPCWA は、エド委員長が来日するなど、日本の労働団体などにも支援を要請し、全造船関東地協などが支援に加わった。2004 年になって TMPCWA は同地協に加盟し、トヨタ本社が団体交渉に応じないことなどを理由として、神奈川県労働委員会に不当労働行為救済の申し立てを行ったが、この申し立ては棄却された。

　TMP の争議は国際的にも波紋を呼び、2003 年 8 月には ILO 結社自由委員会はフィリピン政府に対して、被解雇者を職場復帰させるよう勧告した。フィリピン政府はこの勧告を無視した。国際労働運動の分野では、2005 年以降、国際金属労連（IMF）が TMPCWA の支援にのりだし、2005 年 6 月には、日本協議会（IMF・JC）の仲介で、IMF 書記局、IMF・JC、それに TMPCWA の 3 者と TMP の交渉も行われたが、なんの成果もなかった。IMF・JC が仲介する交渉はその後数回行われたが、最終的には 2006 年、決裂のかたちで終了した。

この間、トヨタ労組は、公式には、現地の労使紛争は現地の労使で解決すべきであるという立場をとったが、自動車総連として非公式には、被解雇者を TMP の子会社で再雇用するという案をトヨタ本社に提起したりした。しかし、この案は、TMPCWA 側が拒否して実現しなかった。

　2006 月 2 月、TMP に TMPCWA とは異なる新しい労働組合が誕生し、認証選挙が行われた。新組合が多数派にはなったが、過半数には達しなかった。これについて雇用労働庁は、新組合が認証されたものとした。新組合は同年 11 月に経営側とのあいだで労働協約を締結した。これにより、TMP の企業内での交渉は終ったが、多国籍企業の労務政策に抗議するかたちでの社会運動としては、その後も長く続けられた。

◇海外での争議②パシフィック・ビーチ・ホテル

　日本の労働組合などがかかわったもう 1 つの重要な争議は、ハワイ・ホノルルのパシフィック・ビーチ・ホテルで発生したものだった。同ホテルの経営者は日系人で、宿泊客の 75 ～ 80% は日本からの団体客で占められていた。2002 年 1 月、同ホテルの従業員たちは、全米港湾倉庫労組の呼びかけに応じて、労働組合の組織化に着手した。新労組の信任投票は 2002 年 7 月 31 日に予定されていたが、それを前に会社側は、従業員との 1 対 1 での面接、組合に反対する会議などの反組合戦術で、従業員を脅迫した。この投票では、組合側は勝利したが、会社側は結果を認めず、全国労働関係局に提訴し、全米港湾倉庫労組も応訴するかたちとなったが、ワシントンにある全国労働関係局の裁定で、2004 年 8 月に再投票が行われた。この投票でも組合側が勝利をおさめたが、経営側は再度、全国労働関係局に提訴した。全国労働関係局は選挙結果を組合側の勝利と認めた。

　これにより、2005 年 11 月から労使交渉が開始されたが、ユニオ

ンショップ協定と組合費チェックオフ協定に経営側が反対し、交渉は行き詰まった。その後、経営側は2007年1月、突如、ホテルの運営を別の管理運営会社に委託してしまった。管理運営会社とのあいだにも交渉は継続されたが、今度は同年8月、委託会社との関係をキャンセルし、もとの会社で再雇用すると発表した。再雇用の条件として、400名の従業員について、会社についてのいかなる否定的なことも言わないとする署名を求め、これに応じない交渉委員会の委員など労働組合関係者32名の再雇用を拒絶した。

　この段階から現地における組合支援が本格化した。AFL-CIO の現地支部やホテルの従業員に多いフィリピン系の諸団体が「ビーチに正義を」の名称をもつ支援組織を立ち上げ、同ホテルに対する抗議行動やボイコット運動を開始した。

　2008年3月 AFL-CIO は日本の連合に対して支援要請を行った。連合は、4月に傘下の産別に争議への支援とホテルのボイコットを実施するよう呼びかけた。すでにこれに先立ってサービス連合や全米港湾倉庫労組の友誼組合の全港湾も争議支援を決め、さまざまな手段を通じてホテルのボイコット運動を推進していた。国際組織である ITF（国際交通労連）と IUF（国際食品労連）も支援を決定しており、それらの組織に加盟する交運労協（ITF-JCC）と国際食品労連日本加盟組合協議会（IUF-JCC）も支援を決定していた。

　これらの支援活動のなかでは、全米港湾倉庫労組の代表団も来日し、日本の支援労組などと共同での集会や署名運動が展開された。なかでも大きな支援となったのは、連合やサービス連合が中心となり、日本旅行業協会や主要な旅行会社に対して、情報提供などの働きかけを行い、実際に、同協会がパシフィック・ビーチ・ホテル側に対して実質的に観光客などのあっせんを中止することを意味する争議の早期解決の要請書を送ったことであった。

　この争議は長期化したが、本書の時代範囲をはるかに超えて、2013年1月14日に最終解決した。会社側は、ホテルを運営会社に

委託し、被解雇者を含む全員を委託会社に転籍させた。組合側との交渉のなかで、委託会社はユニオンショップやチェックオフを含む労働組合の基本的権利を承認し、労働条件を定めた労働協約をかちとり、争議は組合側の全面勝利で終った。

4. 労働運動の外延的展開

◇地協の再編と強化

　連合評価委員会の重要な提言の1つは、「地域で顔の見える運動を」ということであった。連合のなかでは、地域といえば、その担当は地方連合会のもとに設置されていた地協（地域協議会）であった。非組合員である中小企業労働者や非正規従業員からの労働や生活にかかわる相談窓口であり、いわば駆け込み寺としての役割を演ずるものとして位置づけられていた。また、1990年代から活発な活動を行うようになっていたNPOなどの市民組織とのネットワーク的な連携を担う役割も期待されていた。

　しかし、当時の状況では、ほとんどの地協は期待されていた役割を担う能力が欠如していた。2003年8月には、全国には483の地協が存在していたが、1カ所あたりの年間平均予算は400万円で、専従者を配置することは不可能だった。連合においては、地協は、自ら加盟組織から会費を徴収することは許されていなかったから、自前で専従者の給与や活動費をまかなうことはできなかった。

　連合本部は、このような地協の状態を改善するために、地協の再編を行って全国で300カ所程度に圧縮するとともに、連合会費を月額20円引き上げて、地協に対する交付金を増額する構想をうちだした。連合会費の引き上げは加盟産別からの反対が強く、すぐには実現しなかったが、2006年以降にあわせて10円の引き上げが実現した。この措置によって、106カ所の地協で専従者が配置されるようになった。専従者が配置された場合には、地域における相談活動

などで積極的な活動ができるようになった。

◇労福協の活動展開

　もう1つの労働運動をめぐる活性化は中央労福協（労働者福祉中央協議会）のケースだった。労福協は、第二次大戦後の物資不足に対応する組織としてつくられていた中央物対協（労働者用物資対策中央連絡協議会）を前身として、1950年9月に設立された中央福対協（労働組合福祉対策中央協議会）に改組されたのち、1957年に現在の名称に改称されて活動が続けられていた。労福協は、労働金庫や全労済（現在のこくみん共済coop）の生みの親となり、労働4団体時代にも、ナショナルセンター間で対立があっても、「福祉は一つ」のあい言葉のもとで、労働者福祉については統一して活動する重要な団体となっていた。ただ、労働戦線統一の結果、連合が成立したのちは、労福協不要論もでたが、連合と労働金庫、全労済、生協、それに各種の労働者福祉団体の連絡・協議の場として残されることとなった。労福協は、都道府県ごとにも地方労福協として存在した。ただ、その後、都道府県労福協の多くは、公益法人の資格などをもつものが多くなり、労福協という同じ名称をもち、また中央労福協に団体として加盟し、その方針に協力して活動していたが、中央集権的な組織ではなく、一部には全労連加盟の組合が参加するなど加盟団体にも違いがあり、それぞれの地方労福協は独立の単位として行動した。

　労福協は、2000年11月に「あり方検討委員会」の答申書をまとめ、その中で、自前・完結型からネットワーク型の運動への転換を打ち出すとともに、2003年には、介護サポート、子育て支援、退職者支援など「5つのプロジェクト」を設置し、「行動し提案する労福協」に向けて、地方労福協毎に独自に課題を設定して取り組みを進めていった。

　2004〜05年には、11県の労福協で「福祉なんでも相談」を実施

する一方、連合の地域協議会の活動も活発になるなかで、労働相談から生活相談に至るまで対応できる体制づくりをめざし、2005年8月に、連合、労福協、労金協会、全労済の4団体は連携していくことで合意し、各地域でライフサポートセンターを設置していくことになった。

　たとえば、沖縄県労福協では、2005年、ライフサポートセンターを沖縄市に設置した。これは後述の中央レベル4団体合意を受けて設置されたもので、弁護士やNPO団体と協力して、県民のあらゆる生活の困難についての相談に応じようとするものだった。のちには、公的資金も利用して、働く人の子育て支援、就職困難者などを支援する就職支援事業も展開した。この結果、沖縄県労福協は数十人の専従者をもつようになった。

　このような地域における生活支援活動は、ほぼ全国にわたって展開されるようになり、その内容も多様だった。その後も加えると、労福協のライフサポート事業は、全国142カ所で展開され、その内容は、パーソナルサポートサービスが端緒となった生活困窮者自立支援事業、ドメスティック・バイオレンスの被害者などのためのシェルター、無料職業紹介事業、職業訓練、就労訓練、消費者講座、奨学金支給や利子補給などの若者支援、子育て支援、介護支援、婚活などの結婚サポート、などなどであった。沖縄や新潟の就職支援センターに示されるように、このうちのいくつかでは、国や自治体の制度として設定されたものを受託して展開したものもあった。

　地域レベルでの地協と労福協活動が展開されるにつれて1つの問題が発生していた。地協も地方労福協も、その活動の大きなポイントとして相談活動を重視していた。この相談活動には、労働相談もあり、さまざまな生活相談もあって、各組織の相談活動内容が重複したり、混乱するケースも発生していた。これを解決するために2005年8月に行われたのが、連合、中央労福協、労金協会、全労済の4者会談であった。

　この会談の結果はいわゆる4団体の合意事項とされるものであった。その中心は「全国の都道府県における地域を拠点としたワンストップサービス（総合生活支援・サービス）体制の実現に向けた共同の体制づくりを進める」というものだった。この合意のなかでは、地域で協議をすすめるさいには、NPOなどとのネットワーク的な協力関係を構築する必要性もうたわれていた。

　この合意の結果、沖縄のように本格的なワンストップサービスを形成したところもあったが、いぜんとして連合系列と労福協系列の相談活動の二重性が解消されないところもあった。

　4団体合意にもかかわらず、連合、労福協、労金、全労済の4団体の活動がすべてうまく連携したものとならなかった有力な理由の1つは、労金には労金法で、全労済には生協法で、「政治的中立」が盛り込まれていたことであった。

◇貸金業法改正と割賦販売法の成立

　このような労福協活動の活性化に大きく貢献したのは、連合会長を兼務する笹森清中央労福協会長とUIゼンセン同盟の副会長も経験した菅井義夫事務局長のコンビだった。このコンビのもとで、労福協は政策・制度面でも大きな成果をあげた。

　賃金が上昇せず、失業や労働者の非正規化が進行した結果、2000年代の前半には生活困窮者が急増していた。こうした生活困窮者がおちいりやすいのが、当座の資金ということで貸金業者から借り入れを行い、高金利もあってその支払いのために別の貸金業者からの借り入れ金がどんどんふくらんでいく、という多重債務という問題だった。

　中央労福協は、2004年、この多重債務問題に、「高利貸しのない社会の実現」のスローガンのもとに、全国的な運動として取り組んだ。

　多重債務が発生するのは、借金に高い利息がついているからであ

る。当時、貸金の利息については、利息制限法で上限が20%とされていたが、もう1つの法律として出資法（出資の受け入れ、預かり金および金利等の取締りに関する法律）があり、こちらの法の利息の上限は29.2%とされていた。出資法には上限を超えた場合には罰則があったが、利息制限法には罰則がなかったから、そのあいだの金利はグレイゾーンとされ、実質的には黙認されていた。貸金業者は、このグレイゾーンを利用して荒稼ぎをしていた。

　労福協が中心となって展開したのはこのグレイゾーンをなくそうというものであった。中央労福協は、地方労福協をはじめ、連合傘下の労働組合、被害者団体、消費者団体、弁護士・司法書士グループにも呼びかけ、1000万人署名活動、地方議会での請願活動、国会議員対策などを展開した。署名活動では341万筆を集約し、請願活動では43都道府県と1136の市町村議会が意見書の採択を行った。2006年1月に最高裁が、利息制限法以上の利息を事実上違法と認定したことも追い風となった。2006年3月4日には、高金利引き下げ全国集会が開かれ、さまざまな潮流の団体・市民がデモ行進に集結した。

　こうした運動の成果として、2006年12月、グレイゾーン金利を撤廃する貸金業法等改正法が成立した。労福協活動の活性化が目にみえるかたちで示された。

　こののちのことであるが、労福協は、グレイゾーン廃止の成果をもとに、この運動にとりくんだ諸団体と共同して、悪徳商法追放運動を展開した。ここでの悪徳商法というのは、高価な宝石・着物・羽毛布団などを契約書型のクレジットで購入させる、という手法だった。中央労福協は、販売業者とクレジット業者の責任を明確にするための法改正を求めて、署名活動、都道府県・市町村での意見書採択の請願行動、街頭宣伝活動などを組織した。この成果は2008年6月、特定商品取引法及び割賦販売法改正として現れた。この法改正の結果、被害の救済システムが確立され、クレジット業者に対

する過払金返還などの責任ルールも確立された。

◇労働金庫と労働者共済運動

　この間、労福協活動のなかで重要な役割を演じてきたのは労働金庫と全労済であった。この両者は、地域の労福協に専従者として人材を派遣したり、事務所機能を支店などに設置するケースもあった。このように、労働組合の外延的な活動の軸となってきた労働金庫と全労済にも大きな変化がみられた。

　1996年に労金協会は、「ろうきん・21世紀への改革とビジョン」を策定した。このビジョンは、従来都道府県ごとに設置されていた労働金庫を地方ごとに統合させ、最終的には、日本労働金庫として単一化することを目標としていた。

　1998年には、近畿地方の7金庫が合併して近畿労働金庫が、つづいて2000年に東海労働金庫、2001年に中央労働金庫、四国労働金庫、北陸労働金庫、九州労働金庫、2003年に東北労働金庫、中国労働金庫がそれぞれ発足した。しかし、北海道、新潟、長野、静岡、沖縄の5道県の労働金庫は、従来通りの地域単位での事業を継続した。

　この間、各労働金庫は、従来の間接会員である労働組合員への住宅ローンの貸し付けなどの事業を超えて、新しい活動展開を始めるようになっていた。とくに重視されたのは、NPOとの連携であった。地域に設立されるNPOには、資金的な基盤が脆弱なケースも多く、各労働金庫ではこれらのうち社会的に有用な活動をしているNPOに対するある程度リスクをともなう貸し付けを行って、支援するケースも多くみられた。また貸し付けではなく、収益のなかの一定部分を寄付金というかたちで支援するケースもみられた。

　このような活動と、労働金庫の単一化とのあいだでは齟齬が予測されるケースもあった。たしかに、各都道府県の労働金庫にはその活動に強弱があり、統合はその弱点をおぎなうという意義をもって

いたが、それまで重視されてきた地域の労働組合などとの連携が軽視されるのではないか、という危惧も存在した。新潟、静岡、長野など従来強力な活動を展開していた県単位の労働金庫が統合の道を選ばなかったのはこうした事情によるものだった。

労働金庫のあり方にもう１つの大きな衝撃を与えたのは、いわゆる労金不祥事であった。労金不祥事というのは、2002 年に、労金協会とすべての労金で、不適切な会計処理を行っていたとして、金融庁から摘発され、最終的には金融庁から業務改善命令というかたちでの行政処分の対象となったものであった。摘発された内容でもっとも重大だったのは、いわゆる労金運動強化基金の取り扱いであった。強化基金というのは、各単位労金が労金協会に納付する資金に、名目は労金協会の活動をするためということで、10% 上乗せして納付された資金のことだった。この部分は、簿外資金として扱われていた。単位労金は、労働金庫法上、政治活動を許されていなかったが、労金協会の場合には、政治活動は比較的自由に行うことができたから、強化基金の資金が政治活動に活用される場合もあった。

労金協会と各労金は経理のあり方を厳密化したが、このことを契機に、労金は、その誕生母体であるとともに、基本的な構成要素である労働組合に積極的に顔を向けるというよりは、通常の金融機関と同様に、金融庁など官庁の動きに敏感になるという傾向が強まった。

労働運動の重要な側面である労働者の相互扶助の具体化としての労働者共済も同様に、たんなる保険機能を超える外延的な活動を重視するようになった。とくに、全労済の場合、コミュニティ・ユニオン加盟者への共済活動や未組織労働者への相談活動も重視し、阪神・淡路大震災のさいには住宅などの被害に迅速な対応やボランティア活動の組織化などで積極的な役割を果たした。さらに自然災害による被害は個人責任とする政府の従来の原則を打破して、住宅な

どへの被害に一定の支援を行う政府の仕組みをつくるうえで、中心的な役割を果たした。

　多くの産別は産別共済を重視していた。ただ、産別共済のなかでは、労金に類似した不祥事が発生したケースもあって、連合周辺に新しい組織活動の展開や萌芽が示された反面、労働組合の評価を低下させるような事態も発生していた。

　2001年12月、自治労と元自治労委員長らが、脱税容疑で起訴された。容疑の内容は、1997年までにダミー会社や関連会社、全労済、自治労共済などで得た手数料収入約6億円を申告せず、2億円余の法人税を脱税していたというものであった。この件に関しては、関係者は後に有罪判決を受けた。また、自治労役員をめぐる詐欺事件で、接触してきた右翼団体に自治労が出資する情報会社から5000万円を支払った件について、自治労特別執行委員1人が逮捕された。

　自治労は、弁護士や地方ブロックの代表などで構成される真相究明委員会を設置した。また大原義行委員長は、連合副会長を辞任した。連合は、これらが事実なら、「労働運動の社会的地位を失墜させる許し難い行為」と批判した。

　自治労は、2002年1月に臨時大会を開いて、自治労再生プログラムを採択するとともに、辞任を申し出た大原委員長に代わる北岡勝征委員長など新執行部を選出した。ここでは返済すべき債務が39億円に達しており、これについては、本部の役職員の給与カットやカンパで返済するとしていた。さらに、3月に開かれた中央委員会と8月に開かれた定期大会で、再生プログラムの第2次と第3次の実施案が決定された。ここでは、ストライキの賃金補償のために設置されていた自治労基金のうち50億円を各県に交付することなどが盛り込まれた。定期大会では、代議員側から、右翼対策問題などについて、解明が不十分である、などの意見がだされたが、本部側は、この右翼団体の所在地や代表者が不明である、として、こ

の問題に一応の決着をつけた。また、自治労の共済活動については全労済に委譲することも決められた。

2004年には、労働組合のリーダーをめぐってもう1つの不祥事件が発生した。これは日歯連事件または中医協汚職事件とよばれるものとのかかわりだった。日歯連（日本歯科医師連盟）は社団法人日本歯科医師会の政治団体で、中医協は中央社会保険医療協議会の略称で、支払い側と医師側から委員が選出され、医師・歯科医師の診療報酬などについて実質的な決定権限をもつ組織だった。事件の概要は、中医協で歯科医師の診療報酬について有利な意見を述べてもらう目的で、ヤミ献金が行われたとして、日歯連会長らが贈賄罪に問われ、元社会保障庁長官らが収賄罪に問われた、というものであった。このうち収賄側の1人として、当時、中医協委員に就任していた連合副会長が逮捕され、起訴された。裁判の結果は、有罪と認定され、懲役1年、執行猶予3年、追徴金146万円の判決が下った。

副会長は、金品の授受は認めたが、それで発言が左右されたとは思わない、としつつも、連合副会長辞任を申し出て、連合もそれを受け入れた。また中央環境審議会など、連合推薦で就任していた委員も辞職した。

この不祥事件は、後述の医療改革にかかわる連合の活動にも大きなマイナスの影響を与えた。この事件を受けて、中医協全員懇談会で笹森連合会長、健保連会長、日本歯科医師会会長が謝罪するとともに、国会の衆議院厚生労働委員会では笹森会長、参議院厚生労働委員会で草野事務局長がそれぞれ謝罪することとなった。その後、連合は、中医協委員の推薦の在り方の見直し、中医協改革の在り方などの意見を取りまとめた。連合推薦委員については、1名は連合本部からの選出、もう1名は広く患者の声が反映できる委員として連合「患者本位の医療を確立する連絡会」のメンバーを推薦することとした。

◇**退職者連合**

　連合周辺の労働運動の外延的な発展の１つとして特記すべきもの
は退職者連合の活動だった。退職者連合が結成されたのは1991年
11月20日のことで、それまで連合、総評センター、友愛会議、中
連など関連団体が準備会をもち討議を重ねてきた。結成総会には連
合、地方連合会、産別組織、それにそれまでも存在していた退職者
組織の代表が参加した。初代会長には元全繊同盟オルグで、近江絹
糸争議などを指導し、参議院議員をつとめたこともある西田八郎が
選出された。運動課題としては「雇用者・退職者のための政策推進
活動」などがかかげられた。この組織は、主として公的年金で生活
する退職者を対象としていたが、直接個人加盟するのではなく、連
合加盟の産別や地方連合会がもっている退職者組織などが団体とし
て参加する方式がとられた。各産別や地方連合会では、退職者を強
制的に組織するというのではなく、自由な意思で参加する高齢者な
どによって構成されるものとされていた。全労連では、退職者など
は年金組合というかたちの労働組合として全労連に加入するかたち
をとっていたが、退職者連合の場合には、退職者としての活動に軸
足をおくものとして、労働組合とは別個の組織とされた。

　高齢化の進展とともに、退職後の余命も長くなり、その間の退職
者の生活問題が大きくなっていただけに、退職者連合の組織化は、
労働組合の外延的な活動の重要な部隊となることが期待されてい
た。

コラム　平均余命の推移

　次頁の表は1955年以降の平均余命の推移を示している。平均余命
というのは、年齢ごとに平均してあと何年生きられるかを示す数値で
ある。たとえば表における０歳の平均余命は一般に寿命という言葉で
表現されている。しかし平均寿命に達した人でもその年齢に達して以
降も何年か生存の可能性があり、それぞれの年齢ごとにあと平均して

何年生存の可能性があるかを示したものが年齢別平均余命である。ここでは、1955年以降について、平均寿命を示す0歳時点での平均余命と、年金受給年齢にあたる65歳の平均余命を男女別に示している。

　表が示すように、1955年以降男女ともに平均寿命は大幅に伸びた。男性で約16年、女性で約19年となっている。これに対して65歳以上では、男性で約7年、女性で約10年と、たしかに大きな伸びを示しているが、平均寿命の伸びほどではない。これは、平均寿命の伸びには、医療制度の発達などにより、乳児死亡率が大幅に減ったことの影響である。

　それでも高齢期の平均余命が大きく伸びていることは、そのまま、公的年金への依存が高まることになり、同時に、受給年齢の伸びは、年金財政に大きな影響を与えることから、この両面から20世紀末以降、年金問題はたえず政府の政策上の中心課題となってきた。

平均余命の推移　　　　　　　　　　　　　　　　　　　　　　　　（年）

年　次	男		女	
西暦	0歳	65歳	0歳	65歳
1955	63.6	11.82	67.75	14.13
1995	76.38	16.48	82.85	20.94
2000	77.72	17.54	84.6	22.42
2005	78.56	18.13	85.52	23.19
2010	79.64	18.86	86.39	23.89

　退職者連合は1990年代末以降、とくに「痛みをともなう改革」をかかげる小泉内閣の成立以降、年金や高齢者医療制度の改革にかかわって、連合本体とともに、あるいはそれ以上に、積極的な活動を展開した。2008年には、連合とは別の独立の団体として中央労福協に加入した。

　退職者連合の最初の活動は森内閣のもとで1999年に立案され、国会に提出された年金と高齢者医療に関する法案に対決するもの

であった。年金の方は、報酬比例部分の段階的な65歳への引き上げと給付水準の5%引き下げなどを含んでいた。同時に、2000年4月に施行された介護保険法のなかでは、年金からの介護保険料の徴収も含まれていた。これらは、間もなく定年年齢を迎える高齢労働者だけでなく、すでに年金支給の対象となっていた退職労働者にも新たな大きな負担をもたらすものであった。医療に関しては、健康保険法の一部改正により、患者負担3割が原則となり、従来原則として無料とされてきた高齢者医療にも1割負担が導入されることとなっていた。

　こうした政府側の動きに対して、連合は、「安心の年金改正・医療の患者負担増反対」などを内容とする1000万人署名運動を展開した。この署名活動は、地方連合会を中心に展開されたが、その活動の中心となったのは退職者連合だった。2000年春の通常国会では、野党の強力な反対もあっていったんは廃案となった。このあと、退職者連合は、9月15日に、毎年開かれる全国高齢者集会で、政府の年金・医療保険改悪に反対する決議などを行ったが、このときの参加者は5000人を超え、連合本体の各種の大衆行動よりも多くの参加者を集めた。さらに連合本体とともに10月段階では健保法・医療法の大幅修正を求める議員面会所集会や緊急街頭宣伝活動も行われた。同法案は、最終的には、小泉内閣になった2002年7月に与党の賛成多数で成立した。

　年金と医療保険をめぐる退職者連合の活動は小泉内閣期にも活発に展開された。退職者連合は、2002年末から予測される各種の改革についての学習会をもち、2003年にはいるとシンポジウムや署名活動、全国からの参加者をあつめた国会前座り込み・請願デモ・議員面会所集会などを連合本体とともに展開した。こうした活動は2003年にわたって展開されたが、退職者連合がもとめるような年金・医療制度改革の大きな修正は行われなかった。

5. ジェンダー平等をめざして

◇連合の基本的視点

　従来の労働組合活動からみれば、女性の労働のあり方について積極的な発言を行うことは新しい分野での任務であった。1985年に男女雇用機会均等法が成立していたこともあり、連合の成立以来、女性労働が大きな課題となっていた。とくに労働基準法における女性の深夜労働の原則禁止をめぐっては、構成産別のあいだに意見の違いがあり、その対立を融和させるためにも、労働時間のあり方については、男女共通の規制を強化するという方向で一致して以降、連合は労働運動への女性参加を推進することに努力する方針を決めていた。すでに1992年には「女性参加推進計画」を策定し、2000年までには労働組合の役員比率を15%とする、などの具体的数値も示されていた。しかし、実際には2000年までのあいだには、その数値は6%台にとどまり、1998年には、計画の名称を「男女平等参画推進計画」に変更し、2000年段階の女性役員の比率の目標を10%に引き下げた。しかし実際には、2000年代に至ってもこの目標比率は達成されなかった。

　連合本体の役員構成では、三役（副会長）に女性が登場するのは1993年大会の原五月・自治労副委員長がはじめてであり、2009年に岡本直美・NHK労連議長が会長代行となるまで引き継がれた。2015年の岡本会長代行退任後は、芳野友子・JAM副会長が副会長に選出された。執行委員は、1997年に連合事務局の高島順子が常任中央執行委員に選出されたが、1999年以降は非専従の女性中央執行委員の選出が続き、常任中央執行委員に再び女性が加わるのは2005年の大会以降のことであった。

　この間、連合の外部では、コミュニティ・ユニオンや女性ユニオンのかたちで、女性自身による組織化などがはじまり、労働運動の外延的な活動が展開されていたことはすでにみた通りである（80ペ

ージ参照）。

　連合のジェンダー平等の活動は、国際的な運動とも連携していた。その 1 つは、1996 年以降、3 月 8 日に設定されている国際女性デーへ参加したことであった。それ以降連合は、毎年この日に中央集会を開いてきた。これとは別個に、連合は 1995 年以降毎年 10 月段階で連合中央女性集会をひらいていた。この 2 つの集会では、男女差別の現状や男女雇用機会均等法改正のあり方などに討議を進めた。

　国際的な活動としては 1999 年 5 月 18 〜 21 日に、リオデジャネイロで開かれた、国際自由労連の世界女性大会への参加があげられる。この大会には世界 87 カ国からの参加があったが、連合からは、熊崎清子・副事務局長を団長として 9 人の代表が参加した。この大会のテーマは「21 世紀の働く女性：職場と労働組合で女性の居場所を要求し、確保する」というものであった。熊崎団長は、大会会場で行われたシンポジウムの司会を務めた。連合の活動の成果としては、国際自由労連の女性大会の直前の 5 月 15 日に男女共同参画社会基本法が成立したことがあげられる。同法は、政策等の立案及び決定への共同参画などの基本理念にとどまったが、その後の男女共同参画の具体化のための土台となった。

　国際的な動きとしてはさらに女性差別撤廃条約のなかで設置された女性差別撤廃委員会（CEDAW）の活動もかさなっていた。同委員会は、日本における男女雇用機会均等法の実施状況を視察し、2003 年にコメントを発表した。

　このようなかたちで連合は、ジェンダー平等をめざす活動に多くのエネルギーをさいたが、具体的な内容として構成産別が一致して運動をもりあげるには至らなかった。連合本部でジェンダー平等を推進しようとする女性局（のちに総合男女平等局）と、有力な構成産別のあいだにかなりの温度差があったことがその原因であった。たとえば、当時 103 万円の上限に設定されていたいわゆるパート減税

の廃止や130万円の上限が設定されていた配偶者に対する社会保険料の免除などについては、その存在が女性の働く日数の制限などのかたちで男女差別の制度上の原因であるとして、女性局が廃止をもとめたのに対して、男性を基幹労働者とする産別からは反対があり、結局具体的な提案にはつながらなかった。各企業別労組の段階でも、たとえば、結婚後の女性については、家事、育児、介護などの担い手とすることを前提とした配偶者手当の廃止などについては、企業側から提案が行われた場合でも、反対あるいは名称を変更して家族手当に含めるなど、消極的な対応を行うケースが少なくなかった。1990年代から2000年代にかけてのこの時期では、ジェンダー平等に関しては、総論では推進されたが、各論レベルでの具体化は労働組合運動の面では不十分なままで終った。

◇間接差別の撤廃に向けて

　ジェンダー差別の撤廃をめざす連合の活動は、2006年の男女雇用機会均等法改正に具体的に現れていた。(改正に向けた審議は2004年9月より労働政策審議会で進められ、2005年12月に建議が行われた。)

　均等法の改正にあたって、連合の要求の中心は2つあった。1つは、女性差別の禁止から男女差別禁止への転換であった。たとえば、これまでの均等法上は、女性に有利な待遇策であるという名目で、総合職については男女対象の募集としつつ、管理職等への任用を予定しない一般職の募集は女性に限定するという行為が普通に実施されていた。こうした措置が女性の職域の固定化や男女の職務分離をもたらす弊害があるとして、このような差別を結果的に発生させないために男女双方の差別を禁止しようというのが、連合の考え方であった。

　より連合が重視した内容は、男女差別の禁止ともかかわっていたが、間接差別の禁止の法制化であった。間接差別というのは、外見上は男女いずれにも適用される中立的な基準や慣行であっても、実

質的には男女間の差別を生み出す仕組みのことを意味する。たとえば、従業員の募集にあたって、一定以上の身長や体重を条件とすれば、結果的に男性に有利になる。労働政策審議会で連合は、間接差別の禁止の法制化と指針での例示列挙を主張したが、使用者側は明文化そのものに終始反対という労使の隔たりが大きい中、建議では省令で定める3つの措置について、合理的な理由がない場合、間接差別として禁止する限定列挙となった。

　2007年に国会に提出された男女雇用機会均等法改正法案は、従来、努力義務とされていた募集・採用・配置・昇進・教育訓練についてすべて禁止されるとともに、女性のみについての待遇や女性優遇措置については、ポジティブ・アクションをのぞいてはすべて禁止されることとなった。そのほか、法改正ではセクハラの予防などを事業主の配慮義務、妊娠・出産等を理由とする解雇以外の不利益取り扱いの禁止なども導入された。ここでは、連合の主張がかなりいかされていたことはたしかであるが、その具体的な内容はすべて政省令にまかされた。労働組合側には、間接差別問題についてはさらに具体化を推進する役割が残された。

　2007年の国会では、男女雇用機会均等法のほか、多くの関連法案が提出され、成立した。女性の多くが関連するものとしてはパートタイム労働法の改正が行われ、労働条件の文書交付義務、パートタイム労働者に対する均衡待遇の確保の促進などが明文化された。ただここでいう均衡がいかなるものであるかは明示されなかった。間接差別については、連合と政府のあいだでは、その後もさまざまなかたちでせめぎ合いが続くことになった。

◇**男女平等の実効性を高める国際的な潮流**

　1975年の「国際女性年」を契機に、ジェンダー平等をめざす運動は世界規模で進められた。こうした国際的機運に後押しされた女性たちの運動により、日本は1979年に採択された国連女性差別

撤廃条約の批准のため、男女雇用機会均等法を制定し、その後、CEDAW（女性差別撤廃委員会）による実施状況の審査を受けることになる。2003年のCEDAWによる日本レポートに対するコメントでは、男女共同参画社会基本法の策定や、さまざまな法改正などの評価はあったものの、多くの懸念事項の指摘と勧告があり、その中には、女性に対する差別解消の実効性を高めるための雇用における間接差別の法整備を求めるものがあった。

コラム　間接差別と厚生労働省令

　改正男女雇用機会均等法は、間接差別を、性別以外の理由を要件とする措置であって、一方の性の構成員に相当程度の不利益を与えるものを、合理的理由がないときに講ずること、と規定している。この条文自体、「相当程度の不利益」とか「合理的理由」という用語によって政策の範囲を規定し、さらに省令によってつぎの3つの例に限定するとしていた。①労働者の募集にあたって、労働者の身長、体重又は体力を要件とすること、②コース別雇用管理における募集又は採用にあたって、転居をともなう転勤に応じることができることを要件とすること、③労働者の昇進にあたり、転勤の経験があることを要件とすること、がその内容であった。逆に合理的な理由がない場合についても列挙され、当該支店の管理職に昇進する場合、異なる支店の勤務経験を要すること、などもあげられた。厚生労働省としては、経営者団体側の意を受けて、できるだけ狭く規定したことをよく示しており、間接差別禁止が実効をあげるためにはさらなる労働組合側の努力が必要とされた。

◇労働をめぐるいくつかの判例

　男女差別問題に関しては、この時期、多くの裁判闘争が行われていた。もっとも大きな影響を与えたものとしては、昭和シェル石油賃金差別事件であった。これは、2つの石油会社が合併したの

ち、新会社に移籍した女性社員が在職中に女性であることを理由にして差別を受けたとして会社側に損害賠償を求めた事件であった。当時、全労協に加盟していた昭和シェル労組もこの訴訟を全面的に支援した。2006 年 6 月、最高裁は、職務資格の昇進の年数などにつき、明確な男女差別があったとして、女性の請求を認めた。ただし、訴訟提起より 3 年以前の会社側の不法行為については時効により消滅した、として賠償金額を減少した。

　ジェンダー差別に限定されず、労働にかかわって多くの訴訟が提起され、いくつかの重要な判例が生まれた。2005 年に限定しても、姫路から霞ヶ浦への転勤について妻の病気や母親の介護の事情による配転の不利益が通常甘受すべき程度を越しており、会社側の権利乱用であるとして、転勤命令を無効だと判断した神戸地裁判決（ネスレジャパンホールディング事件）、同様に、長女の看護の必要性を認め、転勤命令を権利乱用として無効とした大阪地裁判決（日本レストランシステム事件）、仮眠時間について、労働からの解放が保障されていないとして労基法上の労働時間であると判断した東京地裁判決（井の頭病院事件）などがその例であった。

　会社側が訴訟を提起した事例もあった。2005 年 9 月、NTT グループ 67 社は確定給付年金の規約のなかの給付利率を引き下げる変更の申請を厚生労働省に対して行った。翌 2006 年 2 月、厚生労働省は規約変更を不承認とした。これを不服とした NTT 側がこの取り消しを求めて提訴した。東京地裁は企業年金を廃止しなければならないほどに窮迫した事態で、これを回避するための次善の策としてのみ許されるとして、会社側の訴えを退け、企業年金の利率については従来通り維持された。

　このような労働にかかわるルールのなかには、ほんらいは労働組合が交渉をつうじて確保していなければならないものもあり、また労働組合があっても個人の問題として積極的な支援を行わないケースも少なからず存在した。そのため、多くの多額の費用がかかる訴

訟は、ボランティア組織などの支援をうけられたものに限定され、多くの権利侵害が、いわば泣き寝入りのままに放置されていた。また、地裁レベルで有利な判決がでた場合にも、上級裁判で逆転されたり、補償されるべき損害賠償の金額が減額されたりする事例も多くあった。一方で、労働の多様性が進行し、他方で労働組合組織率が低下するなかで、労働審判制度の成立にもかかわらず、労働時間や賃金やハラスメントをめぐる事件が多発している状況については、連合など労働組合の課題として残されたままとなった。

6. 国際自由労連宮崎大会

◇ 国際自由労連宮崎大会開催のきっかけ

　連合を軸とする労働組合の外延的活動の1つは国際関係で、国際自由労連の大会が日本で開かれたのはその象徴的な現れだった。

　2004年12月5日から6日間にわたって宮崎市で国際自由労連（ICFTU）の世界大会が開かれた。ICFTUの大会は4年に1度開かれることになっているが、組織の主力がヨーロッパやアメリカにあったことも反映して、大会の開催が、日本はもちろん、アジアで開かれるのははじめてのことであった。

　2000年の世界大会では、その当時の鷲尾悦也連合会長がICFTU運営委員会の委員長に選出され、2001年に連合会長を退任後も、連合の国際代表としての地位を以てその任にあたっており、その縁で各国の同意を得て、日本での開催がきまった。連合宮崎が熱心な誘致運動を展開し、宮崎県も大会誘致を積極的に支援したことによる。前年まで宮崎県知事の座にあった松形祐堯氏とは、選挙などをつうじて連合とは友好関係にあり、大会誘致を積極的に支援した。初日には、開会式に小泉首相が参列するなど政府も協力し、宮崎県、宮崎市も世界の働く仲間を温かく迎え入れた。大会には、国際自由労連本部関係者、154カ国の国・地域の国際自由労連加盟組織

の代表が出席したほか、ILO ソマビア事務局長、 ILO「グローバル化の社会的側面に関する世界委員会」の共同委員長を務めたタンザニアとフィンランドの大統領が来賓として参加した。

◇本番を前に

　実は、宮崎大会の前、ニューデリーで開かれた ICFTU-APRO（アジア太平洋地域組織）の執行委員会では、激烈な議論が行われた。論議の発端は、ガイ・ライダー書記長を中心とする ICFTU 本部が、ICFTU-APRO の活動を中央集権的に本部の統制下におこうとしたことにあった。APRO の場合、従来は日本の連合から派遣されたリーダーが書記長としての独自の権限を保有してきたが、今回の提案では、権限は、ICFTU 本部書記長に集中され、従来の地域書記長は、本部副書記長に位置づけられることになっていた。

　日本をはじめとして、連合出身の鈴木則之 APRO 書記長のもとに結集したアジア諸国の ICFTU 加盟組織はこの提案に、ユーロ・セントリック（ヨーロッパ中心主義）の現れとして反対した。アフリカや南米諸国の ICFTU 加盟労働組合も同様だった。

　ニューデリーでの ICFTU-APRO 執行委員会に出席した笹森連合会長は、マレーシアの MTUC 代表に続いて発言し、地域組織の権限の弱体化に反対し、このような提案が行われるならば招致した宮崎大会を返上する、と述べた。APRO の執行委員会では、異例の採決が行われ、本部提案は多数で否決された。最終的には、ICFTU 本部側が APRO の論議の結果を受け入れ、宮崎大会に提案する内容を、地域組織の書記長を副書記長に任命するが、現行の規約は維持する、と修正することで決着した。このような国際労働組合組織の地域組織としての相対的な自立性は、後述の ITUC の発足後も引き継がれた。

◇宮崎大会のテーマ

　宮崎市のシーガイアを主会場として開催された ICFTU 第 18 回世界大会では 154 の国と地域の労働組合リーダーの論議の場となった。メインテーマは「連帯のグローバル化」とされた。

　あいさつに立ったタンザニアのムカパ大統領は、グローバリゼーションのなかで多国籍企業に富が集中していると指摘し、何より教育の平等化が必要であり、子どもの貧困化を解決すべきだなどと述べた。フィンランドのハロネン大統領は、グローバリゼーションの成果が労働者に公正に配分されておらず、子どもたちによい未来を実現すること、女性の地位の向上が必要であることなどをアピールした。

　日本からは、小泉首相が来賓として招待され、「グローバル化には、光の面と貧富の拡大など影の面があるが、グローバル化の恩恵があまねく行きわたる方策を考えることが大きな課題となっている」などとあいさつした。

　連合からは、笹森会長が歓迎のあいさつを行ったほか、草野事務局長をはじめ、連合の代表が多くの発言を行った。発言者のなかでは、植本連合副会長をはじめ、女性の代表者が多くを占めていた。

　会議をつうじて合わせて 15 の決議が採択された。このうち、第 2 決議の「グローバル化、ディーセントワーク、持続可能な開発」、第 6 決議の「グローバル経済における社会正義実現のための ILO の強化」、第 7 決議の「グローバル経済におけるビジネスの社会的責任」はいずれも、グローバリゼーションの進展とかかわっており、格差と貧困の拡大への対応を内容とし、さらに規制緩和と民営化のもとでの企業の違法行為の激増を指摘し、企業の社会的責任を国際的に規制することを求めていた。いずれもメインテーマに沿うものだった。

　諸決議のなかでは、労働組合の活動のなかでの女性と青年の重要性が指摘されていた。第 10 決議「女性のための組合、組合のため

の女性」、第 11 決議「将来を担う青年労働者」がそのことを示していた。実際にこの大会に出席した代議員のうち、女性は 38% を占めていた。

　この時期、アメリカなどによる後述のような（131 ページ参照）イラク戦争が行われ、戦争自体は終結していたが、混乱はなお続いていた。これに対しては、第 5 決議「平和と国連の役割のための国際労働組合行動」のなかで、「国連の権限をもたない軍事行動」を批判し、「この種の専制的軍事行動を非難する」と述べていた。

　大会開催中には、労働組合、福祉団体、ボランティア組織などの各団体の展示など多様なイベントが宮崎で行われたが、そのなかで連合主催の女性セミナー、同じく連合主催の青年セミナー、それに大会参加の女性代議員のワークショップなども開催された。

◇ ITUC の発足

　ICFTU 宮崎大会のもっとも重要な内容は、第 1 決議「連帯のグローバル化—未来に向けてのグローバル・ユニオン運動の構築—」が示していた。ここでは国際労連（World Confederation of Labour、略称は WCL）との統合が中心的な内容となっていた。

　WCL の歴史は古く、1920 年の国際キリスト教労働組合の結成にさかのぼる。1968 年に脱宗教化をはたして、WCL となった。WCLには、フランスの最有力組合である CFDT なども加盟しており、国際自由労連、世界労連につぐ加盟人員で第 3 位の地位にあった。

　宮崎大会の時点では、すでに EU レベルでは ETUC（ヨーロッパ労働組合連合）が、ICFTU と WCL の枠を超えて労働組合の統一的な地域的組織を形成しており、このあり方を世界的に広げようという考え方が、両組織のあいだに進展していた。

　宮崎大会以降両組織のあいだでは、組織のあり方などをめぐって、さまざまな意見がかわされたが、両組織の統合という原則は貫かれ、2006 年 11 月 1 日に国際労働組合総連合（International Trade

Union Confederation、略称 ITUC）の結成総会がウィーンで開かれた。結成総会には、150以上の国と地域から約1800人が参加した。日本からは、前年に就任していた髙木剛会長らが出席した。

ITUC の発足大会で決定された規約の冒頭には「原則宣言」がうたわれ、そこでは「働く人びとの解放と、すべての人類の尊厳が保障され、自らの福利の増進を図り、職場や社会における可能性を実現できる世界を目指して闘いを前進させる」ことが誓約されていた。また「原則宣言」のなかでは、「統一的で多元的な ITUC」という表現で、実質的に多元主義的な組織のあり方が保障されていた。

ITUC は、ICFTU と WCL の合同を基本としつつも、発足時とその後において、両組織に加盟していなかったナショナルセンターも加盟した。ヨーロッパでは、1980年代までは世界労連の有力組合であったフランス CGT が加盟した。アジアでは、ITUC の結成時にネパール労働組合一般連盟（Gefont）が加入したが、その後 APRO の活動が実って、かつては王権に対して武力闘争を展開していたマオ（毛沢東）派の全ネパール労働組合連盟（ANTUF）も加盟した。

ITUC が成立して以降も、ITUC-AP の活動については、アジア・太平洋地域の国際組織として、独自性が保障されていた。それを束ねる書記長は、一貫して連合出身者があたった。

人物紹介 ガイ・ライダー

1956年イギリス生まれ。ケンブリッジ大学卒業後、イギリス労働組合会議（TUC）にスタッフとして入局。国際局担当。1985年、国際商業労連（FIET、現在のUNI）の書記としてジュネーブに赴任し、1988年国際自由労連ジュネーブ副所長、1993年同所長をへて、1998年ILO事務局に入局、1999年からはソマビア事務局長のもとで官房長をつとめた。

2002年には労働組合活動に復帰し、国際自由労連（ICFTU）書記長となった。ICFTUでは機構改革に努め、また国際労連（WCL）との合併を促進し、2006年国際労働組合総連合（ITUC）の結成とともに、その初代書記長となった。同書記長時代には日本の連合大学院の設立時にオンラインで熱いメッセージをよせたりもした。

2010年にはILOに復帰し、2012年には政労使3者からなる理事会でソマビアの後任となる事務局長に選出された。選出されたさい、ガイ・ライダーは、みずからの任務を「仕事の世界を私たちの行うあらゆる物事の中心に据えること」であるとのべた。実際にガイ・ライダー事務局長のもとでのILOは、ディーセントワークの原則にもとづく諸課題を推進し、とくにグローバリゼーションのもとでの政労使3者構成主義による世界経済の活性化、なかでも雇用危機への対処を中心的な課題として推進してきた。

第4章 小泉内閣の政治と規制改革への対応

イラク自衛隊派遣延長反対デモ行進（2003年12月14日）

年表は第3章と共通

【概要】

　2001年4月、小泉純一郎内閣が発足し、2007年9月まで継続する。連合の体制との関わりでは、笹森会長時代は、ほぼ全面的に小泉内閣期と重なっていたし、2005年に選出された髙木会長時代とも一部重なっていた。その小泉内閣が展開した「構造改革」は、労働のあり方や国民生活のあり方に大きく影響した。小泉「構造改革」の基本は、市場万能主義と「安上がりの政府」をめざすもので、またこれまでの憲法体制を大きく変更するものであった。最後の点についていえば、イラク特措法な

どにより、自衛隊による海外派遣を可能にする措置などがとられた。従来の教育基本法も、憲法の精神を離れて、式典での君が代の斉唱や国旗の掲揚が義務化された。

行政機構の改革も「構造改革」の重要な一環だった。労働省労政局の廃止を含む厚生労働省（厚生省と労働省の統合）の発足（2001 年 1 月 6 日）は前内閣のおきみやげだった。ついでにいえば、おなじ時期に経団連と日経連が合併し、日本経団連が成立していた。小泉内閣のもとでは、地方自治体の改革が行われ、市町村合併が促進され、それまで日本に存在した約 3300 の市町村は約半数の 1700 に減少した。

省庁再編成は、国家公務員の減員を目的としていた。国立大学は法人化され、多くのいわゆる特殊法人は、民営化、合併統合、廃止などの措置の対象となった。その頂点におかれたのが、いったん郵政公社となっていた郵政 3 事業の民営化だった。郵政民営化には、自民党内を含め多くの反対意見があり、いったんは国会で否決されたが、小泉首相が衆議院を解散し（2005 年 8 月 8 日）、郵政選挙（同年 9 月）で大勝することで実現した。それ以前の選挙では、民主党が選挙で大きく前進し、連合が求める政権交代可能な 2 大政党的体制に接近する勢いをみせていたが、郵政選挙の結果で、いったんは挫折した。

労働と社会保障の分野でも大きな改革がつぎつぎと実施された。労働分野のなかには労働時間の規制緩和を内容とする労働基準法の改正、従来認められなかった製造現場への労働者派遣を可能とする労働者派遣事業法の改正、労働契約法の新規立法、男女雇用機会均等法の改正などがある。社会保障関係では、厚生年金の支給開始年齢を 60 歳から 65 歳への引き上げ（2000 年改正）に続いて、「マクロ経済スライド」導入による給付削減（2004 年改正）などを内容とした年金法の改正、自己負担 3 割への引き上げ（2003 年 4 月）や「後期高齢者医療」の創設（2006 年 6 月改正）等の健康保険法関連の改正などが含まれていた。

小泉改革については、連合や各構成組織がそれぞれに、署名活動や集会等の反対活動や民主党をつうじ、国会での法案修正要求などを展開し

た。たとえば、労働基準法改正では、ホワイトカラー・エグゼンプションが大きな焦点となったが、労働政策審議会での連合出身の委員などの努力で、法案にはいれられなかった。男女雇用機会均等法においては、連合側が要求した間接差別の禁止などが改正の内容となったが、間接差別の対象はせまい範囲に限定された。また、法律の改正・成立後は、各産別・企業別組合で、それに対応するルールの形成への努力も行われた。年金制度の改革による支給開始年齢の 65 歳への引き上げに伴う 65 歳までの継続雇用や退職年齢の引き上げ等はその例であった。

　このような活動の結果、政府提案のいくつかには重要な修正を加えることはできたが、またこの間に実施された 4 回の国政選挙で、民主党の前進がはかられたが、全体としては、労働運動は小泉「構造改革」の進展を本格的に阻止することはできなかった。

1. 小泉内閣をめぐる政治動向

◇小泉内閣の成立と展開

　笹森・草野体制のもとでの労働運動の展開は、ほぼ小泉内閣の成立と展開の時期と重なっていた。

　2001 年 4 月 26 日、森内閣に代わって小泉純一郎内閣が発足した。小泉首相は「聖域なき構造改革」をスローガンにかかげた。発足直後の小泉内閣は、経済財政諮問会議を発足させ、6 月にはその答申をうけるかたちで「今後の経済財政運営及び経済社会の構造改革に関する基本方針」、いわゆる「骨太の方針」を決定した。そのなかでは、国債発行 30 兆円以下、郵政民営化の検討、5 年間で 530 万人の雇用創出などの項目が含まれていた。それらは、全体として、経済成長に寄与し、結果として国民生活にプラスになることがうたわれていたが、実際の政策展開の圧倒的多くは、市場万能主義による規制緩和策、あるいは国民負担の増加をもたらすものであった。

　小泉内閣の「経済財政運営と構造改革に関する基本方針」は一般に「骨太方針」とよばれる。「骨太方針」という用語自体は、前任の森内閣の宮澤喜一・財務大臣が最初に使用したものを小泉首相が引き継いだとされる。この方針は、内閣の関連閣僚と民間人からなる経済財政諮問会議で論議・答申され、そのまま内閣の方針とされてきた。小泉内閣期には、財務大臣に起用されていた竹中平蔵など関連する閣僚、日銀総裁、それに生産性本部会長をつとめた牛尾治朗ら数人の財界人と研究者が加わった。諮問会議の議長は小泉首相がつとめた。

　小泉内閣の下で作成されたのは、2001年版以降2007年版までのものであった。2001年版では、国債発行30兆円以下、5年間で530万人の雇用創出などがうちだされた。2002年版では、人間力戦略、技術力戦略、経営力戦略、産業発展戦略、地域力戦略、グローバル戦略の6本からなる戦略的課題と、たとえば地域力戦略のなかの構造改革特区のような各戦略ごとのアクションプログラムが提示された。

　2003年以降は、それぞれの年の中心的な課題を提示している。2003年には規制改革・構造改革特区の内容として、混合医療体制の拡大、一般小売店での医薬品販売、公立学校の管理・運営の民間委託、株式会社による農地取得など、規制緩和の内容が多くもりこまれたほか、年金制度の改革など、社会保障分野での国の負担を軽減する措置が示された。2004年と2005年には、郵政民営化が示され、また、従来社会保険庁の管理・運営のもとにあった政府管掌健康保険（政管健保）を改革し、（公法人）全国健康保険協会（協会けんぽ）に、年金業務を担う（公法人）日本年金機構に移行する措置が盛り込まれた。このうち社会保険庁については2007年で解体がうちだされた。2005年には公務員の総人件費と定員の純減の目標も示された。2006年には公益法人改革や後発医薬品の推進などがうちだされた。

　最後となる2007年の「骨太方針」はそれまでの具体的内容も織り

込むというよりは「美しい国へのシナリオ」といったかたちで、新し
い国家イメージをうちだすことに重点がおかれた。

　全体としてみると、雇用戦略や道州制のように、絵にかいた餅とも
いえるものもふくまれていたが、これまでの政府の役割を解体する分
野や、市場万能主義の立場からの民間企業に関する規制緩和について
は、「骨太方針」が大きな役割を果たし、国民生活のあり方にも大きな
影響を与えるものだった。そうした方向がそれまでのように、各省庁
が下からもちあげたものを整理・選択するのではなく、経済財政諮問
会議といったかたちで、首相官邸が決定し、各官庁がそれを具体化す
る手法に転換し、官邸主導の政策決定が進行するようになったことも
「骨太方針」にかかわる大きな特徴だった。

◇厚生労働省の発足と日本経団連

　小泉内閣の発足の直前、2001 年 1 月に、自公保連立の森内閣の
もとで、橋本政権下で提出・成立した行革関連法により中央省庁再
編が施行された。これは、従来の 1 府 22 省庁を 1 府 12 省庁へ編
成・統合したものだった。この省庁再編の結果、従来の経済企画
庁や沖縄開発庁が内閣府に、郵政省、自治省などが総務省に、運輸
省、建設省、北海道開発庁などが国土交通省に統合された。なかで
も、労働関係にとっては、これまでの厚生省と労働省が統合されて
厚生労働省となったのは大きな変革であった。こうした省庁再編の
目的としては、縦割り行政による弊害の除去、内閣機能の強化、事
務および事業の減量、効率化、いいかえれば、国家公務員の大幅な
定員削減などがあげられていた。

　厚生労働省関係では、従来の労働省では 1 官房 5 局 5 部、厚生省
では 1 官房 9 局 1 部の体制だったものが、1 官房 11 局 1 部の編成
となった。労働省で削減の対象となったのは労政局だった。もとも
と、労働省が 1948 年に設置されたのは、労働組合法、労働関係調

整法など、労働組合にかかわる諸課題を担当する行政組織として設置されたもので、労政局は労働省の筆頭局に位置づけられ、歴代の労働事務次官の多くは労政局長の経験者であった。そのような重要な位置を占めてきた労政局が廃止され、審議官が所管するいわば小さなセクションに位置づけられるようになったことは、いってみれば、政府行政における労使関係の位置の低下を示すものであった。

　ちょうど同じ時期、財界団体にも大きな変化がおきていた。2002年6月の経団連と日経連の合併であった。

　従来、財界には、経団連、日経連、日商、経済同友会を指す経済4団体と呼ばれるものがあった。このうち、日本商工会議所は、中小企業などを会員とする各地の商工会議所の総括団体で、戦前期から存在していた。経済同友会は、第二次大戦直後の経済民主化の時代の1946年4月、新しく登場した若手経営者の個人加盟組織としてスタートとし、経営者としての見解を社会に提言することを目的としていた。経団連（経済団体連合会）は、いわゆる一流企業（企業会員）と業界団体（団体会員）を結集して1946年8月に結成された。結成当時の目的は、日本経済の復興・再建だった。1955年体制の成立以降は、自民党に多額の政治献金を行ったりして日本の政治・政策に大きな影響を及ぼしてきた。

　一方、日経連（日本経営者団体連盟）は、1948年4月に結成され、日本の主要企業が参加したほか、各都道府県に経営者協会などが設置され、これも日経連の構成組織となった。結成時には、「経営者よ正しく強かれ」というスローガンがかかげられ、労働組合と対抗して、雇用、労使関係問題を扱う組織としての意義をもった。

　経団連と日経連の合併後に作られた新組織は最初、略称で日本経団連（正式名称は日本経済団体連合会）と呼ばれた。これは、日経連の名称に含まれる「日本」を尊重して、いわば対等合併であるかの装いをもつものであったが、やがて略称から「日本」がはずされ、経団連に戻されたことにも示されるように、実際上は経団連による

128

日経連の吸収合併であった。厚生労働省の発足にともなう労政局の廃止と同様、企業経営者のレベルでも、労使関係の位置が低下していたことを示すものであった。

◇ 2001 年参議院選挙と民主党の動向

　小泉政権下の国政選挙の動向についてはのちにまとめてみるが、2001 年 7 月 29 日、参議院選挙の投開票が行われた。この選挙で、小泉人気に乗った自民党は 3 議席を増加させた。連立与党の公明党も改選議席を確保し、保守党を含む与党全体で 247 議席中、過半数を大きく上回る 138 議席を確保した。

　1999 年に政治センターを設立していた連合は、この選挙にあたり、「民主党を基軸に社民党、自由党を含めた連携強化を期待し、推薦候補者の全員当選をめざす」などの方針を決めていた。選挙直前の 6 月には、民主党と政策協定を締結した。その冒頭では「雇用の創出・安定を軸に、将来に希望の持てる構造改革を進める」とされていた。「構造改革」という用語法は、小泉内閣と同じであった。この選挙から比例区は非拘束名簿式に変更され政党名、個人名とも有効になったが、複雑でわかりにくい制度の下で、個人名を浸透させることが不十分となって、9 人の組織内候補者に、選挙区 48 人が決定された。選挙区の推薦候補者は、民主党 35 人、無所属 11 人、社民、自由両党が各 1 人だった。

　選挙の結果は、連合にとって厳しいものであった。比例区候補者のうち、6 人は当選したが、情報労連、ゼンセン同盟、JAM の組織内候補者が落選した。9 人の組織内候補者に名前を書いて投票した総数は約 169 万票で、政党名で民主党と書いたものもある程度は存在した可能性はあるが、その数を無視すると、連合組合員数約 700 万人のなかでは 4 分の 1 以下の結集率にとどまった。組織内候補者が落選したゼンセン同盟では、組合員数約 58 万人で、結集率はほぼ 3 分の 1 だった。組織内候補者を当選させた自治労のケースも、

組合員約100万人に対して、獲得票数は約20万票で、結集率は約20%と落選したゼンセン同盟より悪かった。組合員数よりも得票数が多かったのは電力総連だけだった。

　民主党全体では、比例区8、選挙区18、合わせて26議席を確保し、改選議席を上回った。しかし、前回の1998年選挙では、27議席を確保していたし、比例区の得票数と率でも自民党の2111万票、39%に対して890万票、16%と大きく差をつけられたうえ、前回と比較して得票数では前回より300万票、率で5ポイント以上、減少した。1名区では自民党に全敗した。

　他の野党では、選挙区で2、比例区では4議席を確保した自由党の健闘が示されたが、共産党と社民党は議席を減らした。共産党をのぞく野党間の選挙協力は、27選挙区で行われたが、当選したのは1名区の岩手県と2名区の栃木県、岐阜県だけで、成功したとはいえなかった。

　連合は、選挙のあと、「まとめ」を発表し、「民主党は小泉政権の『聖域なき構造改革』に対峙する構造改革の理念、方向性、中身を明確に示せなかった」、「すべての連合組合員が政治活動の目的と必要性を理解し、連合・構成組織・単組への求心力を着実に培っていく必要性がある」などとした。ただその具体的な方法が示されてはいなかった。

　この選挙で、共産党は前回の15議席から5議席と激減し、社民党は選挙区での議席はゼロとなり、比例区の3議席のみとなった。

2. テロ特措法からイラク特措法へ

◇テロ特措法と自衛隊の海外派遣

　2001年9月11日に米同時多発テロが発生した。アメリカのブッシュ政権は、テロの犯人がイスラム過激派アルカイダと断定し、その指導者オサマ・ビンラディンをかくまっているアフガニスタンのタリバン政権に引き渡しを要求した。タリバン政権はこれを拒否した。アメリカは、空爆など軍事行動を開始し、その支援のもとに反タリバン勢力が攻勢を強め、11月初旬にはタリバン政権が崩壊した。

　同時多発テロ発生直後、小泉首相は訪米して、ブッシュ大統領との会談を行って、自衛隊がアメリカ軍の軍事行動を後方支援するための新しい法律の早期制定などを約束した。この約束にもとづいて、政府は臨時国会にテロ対策特別措置法などテロ対策3法を提出した。テロ特措法は、「平成13年9月11日のアメリカ合衆国において発生したテロリストによる攻撃等に対応して行われる国際連合憲章の目的達成のための諸外国の活動に対して我が国が実施する措置及び関連する国際連合決議等に基づく人道的措置に関する特別措置法」という長い名称をもっていた。テロ特措法は時限立法であったが、同時に決定された自衛隊法改正とともに、すでに自衛隊の海外派遣を認めていたPKO法が一応は戦闘状態にはないことを前提としていたのに対して、戦時に自衛隊の海外派遣を認めるもので、日本国のこれまでの憲法体制を大きく変更するものであった。

　テロ特措法については、連合は構成組織のあいだに意見の違いがあり、シビリアンコントロールにもとづく国民への説明などがきわめて不備である、などとする事務局長談話を発表したが、特別の大衆行動は組織しなかった。全労連の方は、「テロ糾弾、報復戦争反対・自衛隊海外派兵を許すな！共同センター」を結成して、10月に、大企業のリストラ反対などとあわせて集会を開いた。

民主党は、対応をめぐって党内で意見がわかれたが、自衛隊派遣に国会の事前承認を条件とするよう与党との交渉を行った。これについてはとくに公明党が事後承認を譲らず、民主党も結局、原案のまま賛成にまわって、テロ特措法は衆参合わせての審議がわずか19日で11月2日に成立した。同時にPKO法による自衛隊派遣についても、武器使用の緩和などの改正が行われた。テロ特措法成立後、はやくもこの月の終わりには、アフガニスタンのアメリカ軍を支援するため、海上自衛艦がインド洋に向けて出航した。

　2年後の2003年3月、ブッシュ大統領は、大量破壊兵器を所有するに至ったことを理由に、イラクに対する軍事攻撃を開始した。イギリスのブレア労働党政権も軍隊を派遣して、3週間で首都バグダッドは占領され、フセイン・イラク大統領も処刑されて国家間の戦争は終了した。しかし、大義名分とされた大量破壊兵器保有の証拠は発見されなかった。またアメリカ占領軍に対する現地での攻撃も終わらなかった。

　米・英等のイラク侵攻が続くなか、アメリカ本土やヨーロッパ諸国では反戦運動が大きくなった。ロンドンでは50万人、ニューヨークで20万人など、全世界で1000万人以上が反戦の集会やデモに参加した。政府レベルでも、ロシア、中国、旧東欧諸国に加えて、フランス、ドイツ、ベルギー、ルクセンブルグなどが、軍事攻撃に反対し、国連でもアメリカの主張は通らなかった。

　日本では、イラク戦争の開戦直後、小泉首相が、アメリカとイギリスの軍事侵攻を支持すると表明した。この表明にしたがって、小泉内閣は、武力攻撃事態対処法（武力攻撃事態等における我が国の平和と独立並びに国及び国民の安全の確保に関する法律）など有事関連3法とイラク特措法（イラクにおける人道復興支援活動及び安全確保支援活動の実施に関する特別措置法）を国会に提出した。武力攻撃事態対処法は、武力攻撃があったさい国と自治体が、国民の協力を得つつ、連携して万全の措置をとる等の基本理念を示していた。イラク

特措法は、人道復興支援、安全確保活動を名目に戦争後のイラクに自衛隊を派遣することを目的としていた。

　イラク戦争への動きに、日本でもっとも早い時期に対応した 1 つの組織は、海員組合で、1 月 8 日にイラク攻撃に反対する声明を発表した。海員組合は、イラク戦争開戦後の年末にいたるまで、陸・海・空・港湾にかかわる全労連や全労協加盟組合、中立の組合と共同のアピールを出したり、集会を実施するなどの活動を続けた。

　連合は、開戦前の 1 月に「大量破壊兵器問題の平和的解決に向けた要請」をアメリカ大使館あてに行い、開戦後の 3 月 18 日には、自らが主催する「国民生活と世界の平和を守る中央総決起集会」を実施した。この集会には 2 万 5000 人が参加した。続いて、原水禁、核禁会議とともに、「平和のための 3.18 緊急集会」を実施した。さらに年末の 12 月 14 日には、ボランティア団体などとともに、「自衛隊のイラク派遣反対集会」などを実施した。

　全労連や全労協も、それぞれの関係団体と連携しつつ、アメリカのイラクへの武力攻撃、自衛隊の海外派兵反対の運動を継続した。さらにボランティア団体のような市民活動グループがさまざまなかたちで、アメリカの武力攻撃と日本政府の自衛隊の海外派兵反対の運動に参加した。

　政府が提出した法案のうち武力攻撃事態対処法など 3 法は、民主党の修正要求により、「基本的人権については最大限に尊重されなければならない」等が追加・修正されて、同党も賛成するかたちで成立した。

　イラク特措法については、民主党は徹底抗戦した。民主党が追及したポイントは、戦闘地域と非戦闘区域の区分しだいで、自衛隊の派遣が武力行使につながるのではないか、という点だった。同法案は、国会が 40 日延長されてようやく成立した。年末には、イラクへの派遣の先遣隊として航空自衛隊が派遣され、その後、陸上自衛隊が派遣された。

◇教育基本法抜本改正など

　テロ特措法やイラク特措法で、従来の憲法体制がつぎつぎと変更されるなか、国内で他の面でも従来の憲法体制の変更につながる措置がつぎつぎと実施された。その1つが教育基本法の抜本改正だった。2003年3月、中央教育審議会（中教審）は、教育基本法の抜本改正を答申した。答申の内容は、教育理念に公共の精神、道徳心、自立心などの追加をもとめることや、「日本の伝統・文化の尊重、郷土や国を愛する心」などの追加をもとめていた。この内容は、自民党内の保守派政治家たちの願望を反映していた。

　これに対して日教組は、「憲法に抵触すると危惧される部分がある」として、中教審に再検討をもとめた。日教組は6月14日、護憲連合の流れを組む平和フォーラムなどと共同して立ち上げた「教育基本法改悪ストップ！」実行委員会が主催した集会を開いた。ここには4000人が参加した。その前日には、全教などによる集会も行われた。日教組はさらに、教育基本法改悪反対の活動を強めるために、1人500円の組合費を徴収し、全国5万カ所教育対話集会と請願活動を展開した。12月23日には、「教育基本法改悪反対！全国集会」が開かれたが、この集会の事務局には、日教組傘下の東京教組と全教傘下の都教組が共同で参加した。同様の運動は2004年、2005年にも継続された。

　教育基本法案の国会提出までには時間がかかった。その理由の1つは連立与党の公明党が法案に「愛国心」の用語を使用することに反対したことにあった。最終的には、同法案は2006年11月に、民主党など野党欠席のまま、強行採決され、成立した。改正教育基本法では、「日本国憲法の精神にのっとり」とする文章は残されたが、いくつかの新しい用語が登場した。その1つとして旧法にはなかった「公共の精神」が強調されたが、これは経団連など財界が強く要求したものであった。論点となった「愛国心」については、「伝統と文化を尊重し、それをはぐくんできた我が国と郷土を愛する」と

いう表現が用いられた。

　教育基本法の改正とともに、小泉内閣は、祝日や学校の式典で、国旗の掲揚と君が代の斉唱を義務づけた。

3. 「聖域なき構造改革」

◇郵政民営化の展開と JP 労組の誕生

　同時多発テロやイラク戦争を機に、日本の憲法体制を大きく変更させたのが小泉内閣であったが、その小泉内閣のもとで、いわゆる「聖域なき構造改革」が急進展していた。そうした改革は、橋本内閣や森内閣での論議を引き継いだものとはいえ、コラムで提示したように（126 ページ参照）より大規模となり、より急進的となった。

　その中心の 1 つは、郵政の民営化であった。もともと、郵政民営化は、アメリカのアフラック社などの生命保険業界が強く要望していたもので、のちの 2004 年にブッシュ大統領が訪日したさいには、日米首脳会談で、小泉首相に直談判したほどの熱意をもっていた。郵政事業の公社から民営化への展開はこのようなアメリカ側からの要求に対応するものだった。

　すでに、1997 年、橋本内閣の下で、従来郵政事業を支えていた郵便貯金の財政投融資への投入義務が廃止され、資金の自主運用に移行していた郵政事業は、「中央省庁再編」に沿って、小泉内閣のもと 2002 年 7 月、郵政公社 4 法が成立し、日本郵政公社（2003 年 4 月）として特殊法人化された。郵政公社の発足とともに、郵便事業への民間事業者の参入も決まった。

　小泉内閣は、さらに公社から民営化の道筋をさぐった。これには、従来、自民党の強い選挙基盤であった特定郵便局長会などが強く反対したために、自民党内からも民営化反対の論議が吹き出し、郵政民営化法案は、いったんは参議院で否決された。後述のように、小泉首相は、郵政民営化を国民に問うとして、衆議院を解散し

（2005 年 8 月 8 日）、「郵政選挙」（同 9 月）での与党圧勝のもと、民営化を実現した。2007 年 10 月、すでに小泉内閣は福田康夫内閣に交代していたが、従来の日本郵政公社に代わって民間会社としての日本郵政グループが発足した。郵政民営化の結果、持株会社としての郵政グループの下に、郵便、郵便局、ゆうちょ、かんぽ生命の 4 会社が設置された。

　公社化の段階では、全逓は、2002 年 5 月 12 日に、（民営化に歯止めを掛ける趣旨から）「郵政公社を推進する総決起集会」を開くなど、むしろ積極的に推進する立場をとった。全逓は、公社発足後に日本郵政公社労働組合（JPU）に組織変更した。全郵政も公社化には積極推進の立場をとった。

　公社化の目的の 1 つは、郵政事業の従業員数の減少であり、実際に 1 万人以上の人員削減が行われた。そのあとでは、服務の効率化を大義名分として、過酷な深夜勤務が導入された。一方では、パート、アルバイトなど非正規労働者の採用が急速に拡大した。これに対しては、全労連加盟の少数派組合である郵産労が、1 年間で 2 桁の死者がでるなど、労働条件の一方的な不利益変更が行われたなどとして、訴訟をおこしたが、敗訴した。

　しかし、のちの民営化の段階では、JPU も全郵政も、基本的に反対の立場を表明した。2004 年 9 月、JPU と全郵政は共同で郵政事業に関する労組政策協議会を設置して、民営化で全国均一（ユニバーサル）サービスがくずされる、事業分割は経営効率を低下させる、などを内容とする小泉首相あての公開質問状を提出した。11 月には竹中平蔵郵政民営化担当相との会談が行われたが、議論はまったく平行線のまま終った。両労組はその後も協力して、街頭宣伝や全国キャラバンを組織した。

　連合も政府が法案を提出した段階で、強引な民営化法案に反対の意向を明らかにし、笹森会長らが郵政民営化法の違憲・違法の確認と損害賠償を求める訴訟を提起したりもしたが、本格的な大衆運動

は組織されなかった。その背景には、郵政民営化に対して、支持政党である民主党が基本的に賛成の立場をとっていたことがあった。締結された民主党と連合の政策協定のなかでは、「問題の多い小泉郵政民営化に固執し、解散・総選挙に出た暴挙」という表現は使われたが、基本目標や重点政策のなかには、郵政民営化にかかわる項目はなかった。

　郵政事業の公社化、民営化を通じてほぼ共通する方針で対応したことにより、労働 4 団体時代には激しく対立していた JPU（旧全逓）と全郵政のあいだには急速に統一の気運が高まった。2006 年 9 月に組織統合委員会が発足し、10 回の協議をへて合意が成立し、ちょうど日本郵政グループが発足したのと同じ 2007 年 10 月、新組織の日本郵政グループ労働組合（略称、JP 労組）が結成大会を開いた。

　JP 労組の綱領は、「左右の全体主義を排除し、自由にして民主的な労働組合の発展をめざす」など旧全郵政の理念を引き継いでいた。結成時の JP 労組の組合員数は約 22 万人だった。

◇特殊法人改革と平成の大合併

　小泉内閣がめざした「聖域なき構造改革」の内容は、特殊法人改革と平成の大合併ともいわれる地方自治体の急速かつ大規模な合併として現れた。労働分野においては、個別労働立法にとどまらず、これまでの労使関係に大きな変化をもたらす「改革」が進行した。社会保障の分野においても、大きな改革が進められ、これも結果として労働分野に大きな影響をおよぼした。

　2001 年 6 月、特殊法人改革基本法が成立した。この法律は、すでに進行している省庁改革の趣旨を踏まえ、特殊法人等の整理合理化計画をすすめる組織として、特殊法人等改革推進本部の立ち上げなどを決めていた。同法はまた、設置される推進本部に対して、1 年以内に事業のあり方や組織形態について検討を加え、特殊法人などの整理合理化計画をすすめるよう、期限まで区切っていた。

法律制定後ただちに小泉内閣のもとで設置された改革推進本部は精力的に会合を続け、2001年12月には、特殊法人等整理合理化計画を決定した。その内容は、合わせて163の特殊法人と認可法人を対象として、事業内容と組織形態の見直しを個別に定めたものであった。163法人の内訳では、衆参議院などの共済組合を除くと、特殊法人が77、認可法人が41だった。改革の対象となった特殊法人のなかには日本道路公団など道路関係4公団と帝都高速度交通営団（営団地下鉄）が含まれており、いずれも民営化された。道路関係4公団のうち、日本道路公団は分割され、東、中、西の各高速道路株式会社に、首都高速道路公団は首都高速道路株式会社に、阪神道路公団は阪神高速道路株式会社に、本州四国連絡橋公団は本州四国連絡高速道路株式会社に変わった。

　東京23区内の地下鉄を運営する営団地下鉄は、国が出資する特殊法人として位置づけられていたが、法人側は日本民営鉄道協会（民鉄協）に加盟し、労働組合の方は、複数の委員長をだしてきた私鉄総連の名門組合だったから、新しく民営化されても、経営実態や労使関係が大きく変わることはなかった。

　労働分野に関係する特殊法人の1つで、労災病院などを運営してきた労働福祉事業団は、労働者健康安全機構に改組されたが、この段階では業務のうえでは大きな変更はなかった。労働問題の重要な研究拠点であった日本労働研究機構も特殊法人合理化計画のなかでは、廃止または事業見直しの上で新独立法人に移行するグループの1つとして分類された。一時は廃止の方向も示され、関係する研究者たちが連合に存続のための支援を求めたりもした。最終的には、おなじく特殊法人で、1960年代に石炭産業からの大量離職者問題に対処するために作られた雇用促進事業団を起源とする雇用・能力開発機構のなかにあった雇用職業総合研究所を取り込み、2003年10月、厚生労働省の職員の研修機関である、労働研修所を取り込み、独立行政法人労働政策研究・研修機構（JILPT）として存続す

ることとなった。

　雇用・能力開発機構の方は、雇用保険 3 事業（雇用安定事業、能力開発事業、雇用福祉事業）のうち、雇用福祉事業を担当するものとして、期間を限定して存続することとなったが、従来もっていた雇用促進住宅などの売却が進められ、1999 年雇用促進事業団の廃止に伴い、雇用・能力開発機構が設立され、2004 年に独立行政法人となったが、2007 年雇用保険法の改正で雇用福祉事業が廃止され、これに関係する事業が廃止された。ここでもまた、過去の労働運動の遺産が消滅させられた。

　小泉内閣期に実施された大きな省庁・特殊法人改革は、特殊法人改革基本法が想定していたものをも超えていた。その事例の 1 つが、国立大学の国立大学法人への移行だった。

　2003 年 7 月、国立大学法人法が成立した。これは、従来文部科学省の直轄下にあった国立大学を法人化し、各大学に予算、人事などについての意思決定の自由を与え、大学間の競争を活性化させることで、大学改革を実現する目的をもつものとされた。これまで国家公務員であった国立大学の教職員は、民間企業の労働者と同一の労働法体制のもとにおかれることになった。またこれまで基本的には、国家予算の枠組みのなかにあった大学の経費について、文科省からの支出金でまかなわれることになったが、毎年減額されることがうたわれていた。各国立大学は人件費、研究費などを含む経費を寄付などのかたちで、少なくともその一部は、みずから調達しなければならない仕組みとなった。結果として旧国立大学の大学間や学部間では、それまで以上の格差がつくこととなった。

　法人化は国立大学が文科省などからの制約を脱して、活性化をはかることが目的とされていたが、実際には、法人理事会を通じて文科省の影響度はむしろ強まり、従来、大学教員などの選挙によって学長を選出するなどの大学自治はむしろ失われた。研究や教育の内容に裁量権をもっていた学部教授会の権限の多くも理事会に移管さ

れた。また、国立大学間や学部間の格差も強まった。法人化の理念と競争の名のもとに市場原理主義を貫徹させる実態の大きな違いを、国立大学の法人化は表現していた。

国立大学の法人化については、連合は大学教職員の加盟する産別が少なかったため、態度を明確にしたり、大衆運動を展開したりすることはなかった。一方、関係組合員の多い全大協（全国大学高専教職員組合）、私大教連（日本私立大学教職員組合）、国公労連、全教、医労連など全労連、中立系の諸産別は、連絡会を結成し、5月から法案が成立した7月までのあいだに国会周辺での集会とデモを繰り広げた。

「聖域なき構造改革」は地方自治体改革にも及んだ。「平成の大合併」とよばれる、市町村の急激な合併がそれであった。市町村の合併についてはすでに1999年に旧合併特例法が制定されて以降、国の政策としては進行していたが、2002年度までに同法にもとづいて合併を選択したのは32市町村で、その結果として成立したのは12市町村だけであった。ところが、小泉内閣期に入った2003〜2004年の2年間には936市町村が合併を選択し、2005年には1025市町村が合併して325市町村が成立した。

2003年以降急激に市町村合併が増加するのは、合併に必要となる経費を合併特例債というかたちで地方債が発行された場合には、元利償還金の70%を国が地方交付税というかたちで償還することに加え、小泉内閣期に入って政府予算のなかで、地方自治体に給付される普通交付税と国庫補助負担金が大幅に削減される事態が生まれていたためであった。まさしく、「平成の大合併」には、飴と鞭の政策が用意されていた。とくに2005年度に合併が急増するのは、その年度までに合併が完成する市町村のみに優遇措置が与えられる、という限定がついていたためであった。

4. 労働と社会保障をめぐる構造改革

◇医療制度改革による患者負担増等への対応

　小泉内閣と連合の関係は、その発足直後の時期には、前述の小泉首相のメーデーへの参加や政労会見の復活に示されるように（41、54 ページ参照）良好だった。しかし、発足直後の時点から、「構造改革」の名のもと労働と社会保障にかかわる新政策が着々と進行していた。

　1997 年 12 月に公布施行された財政構造改革法は、2003 年度までに国と地方を合わせた財政赤字を GDP 比 3% 以下に抑え、赤字国債の発行をゼロとする、公共事業や社会保障を含む経常経費の削減目標を定めることなどを柱としていた。この厳しい財政制約の下で社会保障の見直しが行われた。その 1 つが医療制度の改革であった。厚生労働省は 2001 年 9 月、①健康保険に加入するサラリーマンの医療費本人負担を現行の 2 割から 3 割に引き上げる、② 70 歳以上の 1 割負担と現役並み所得者の 2 割負担、高齢者医療の対象を 70 歳から 75 歳に引き上げる、などの厚労省試案を発表し、次期国会に提出するとした。

　医療制度の改革は 1990 年代の後半から急激に進行していた。1997 年には健康保険法等改正が国会を通り、被用者保険の本人負担が 1 割から 2 割に引き上げられ、政府管掌健康保険の保険料率も引き上げられた。1998 年には、国民健康保険法が改正され、老人医療の国庫負担を縮減し、被用者保険からの拠出金を引き上げた。さらに 2000 年には、医療保険制度改革関連法案が成立し、高齢者医療の定率負担制度の導入（従来の通院患者負担は 1 回につき 500 円の定額）、政府管掌健康保険の保険料の法定上限率の見直しなどが行われていた。2001 年の改革プランはそれらに続くものだった。

　連合は、こうした動きに対して、強く反発した。これら患者負担増をはかる政府の医療保険制度改正に対して、政策面では、連合

「21世紀社会保障ビジョン」に基づいて、高齢退職者は被用者健保に引き続き加入する「突き抜け」型の高齢者医療制度（自己負担1割）の創設、「現役の自己負担を2割に統一」など、医療保険制度の抜本改革を求めて取り組んだ。行動の面では、「患者負担増反対、健保法改悪阻止」に向け、政府・厚労省、与野党への要請活動、集会、国会前座り込み行動、署名活動などの大衆行動を展開した。

連合は、2002年4月10日のゼネラルアクション中央決起集会を機に、1000万署名運動を展開し、775万人分の署名が集約された。さらに、2002年5月10日、ナイチンゲールの生誕日を記念するナースデーに合わせ、医療・介護関連労組を中心にした「安心の医療と介護2002中央集会」や街頭キャンペーンを行った。5月29日には、鳩山由紀夫・民主党代表らと会見し、法案を廃案に追い込むよう要請し、国会請願行動も組織した。5月29日には前述の特措法反対（133ページ参照）とともに、約1000人の組合員が集まって国会前で座り込みを実施した。6月に行われた連合政策・制度中央討論集会では、医療保険問題を最重点として取り組むことを確認した。6月14日には、与党が衆議院厚生労働委員会で強行採決をした。これに対し連合は国会前での「怒りの抗議行動」を展開し、大詰めの国会審議が行われるなか、7月25日にも「怒りの座り込み行動」を展開した。結果としては、法案成立阻止には至らなかったが、健康保険法「改悪」に対しては、ゼネラルアクションの一環として数多くの大衆行動が組織されるなど、連合運動の外延的発展を示すものだった。

全労連も、健康保険の改悪には、強力な運動を展開した。2月24日には、「安全・安心の医療を守ろう国民大集会―つぶそう小泉医療改革―」を開き、ここには約1万5000人の組合員が参加した。4月12日には、国民総行動の名のもとに、医労連がスト・集会を行った。5月29日には、国会前座り込みを行った。この日の座り込みは、連合、全労協もそれぞれ時間を調整して行っていたことか

ら、実質的には一日共闘の様相を呈した。6 月 13 日にも国会座り込みを実施した。

　また、連合は医療制度改革や診療報酬改定に対し、支払い側団体として経団連（日経連）、健保連とも連携して審議会対応や政府要請、シンポジウム等の共同行動も行った。しかし、これら支払い側団体の活動は、位置づけや力点の違いもあり、もっぱら支払い側の負担問題に集中し、労働者や国民の健康を守るという、予防・治療を通じた医療提供体制の在り方を含め医療制度全般の抜本改革の論議には及んでいなかった。

　結果的に 2002 年 7 月 26 日、改正健康保険法が国会で可決・成立した。その基本的な内容は、さきの厚生労働省案（2001 年 9 月）を土台としたもので、被用者健康保険と国民健康保険の患者負担を引き上げ、本人・被扶養者の自己負担を 3 割に統一し（2003 年 4 月実施）、70 歳以上の高齢者の自己負担は原則 1 割（2002 年 10 月実施）とされた。小泉政権の「自己責任・自助」を強調する「構造改革」による国民・患者負担増を中心とした医療保険制度改正が強要され、その後もこの延長線上での医療制度改正が順次実施されていく。

　2002 年の健保法改正では、附則の「新しい高齢者医療制度の創設など「抜本改革」の策定」が義務付けられ、厚生労働省は、新たな制度改革の作業に着手した。2006 年 6 月成立の医療制度改革関連法案では、高齢者の現役並み所得者の 3 割負担への引き上げ、75 歳以上を対象とした後期高齢者医療制度の創設、前期高齢者（65 〜 74 歳）の医療費の制度間財政調整（2008 年 4 月実施）、高額療養費の自己負担限度額引き上げ（2006 年 10 月）等が図られた。

　なお、2004 年以降の医療制度の改悪が政府案どおりに成立した背景には、前述の中医協事件が影響したことも否めない。

◇「領収書もらおう運動」の意義と成果

　連合は、1997年12月から医療費の「不正請求」一掃運動として、「お医者さんにかかったら領収書をもらおう」運動を開始していた。これは被用者保険の自己負担1割から2割への引き上げが実施される一方、医療機関による過剰請求（架空請求や水増請求等）が多額にのぼっていたことに対応するものだった。2000年からは、「領収書をくださいカード」を800万枚印刷し、連合の全組合員に配布して、組合員一人一人が参加できる運動を展開した。さらに、厚労省要請をはじめ健保連や「レセプト開示」を求める市民グループ等との連携をはかるとともに、新聞・雑誌等への広告掲載などキャンペーン活動を展開して、診療明細のわかる領収書発行の義務化を求めてきた。

　構成組織では、「領収書をください」カードに構成組織名を記載して、全組合員に配布した。地方連合会でも、機関誌紙・ホームページによる広報活動、各都道府県の社会保険事務局への要請、市町村国保、各県の健保連等への協力要請行動など、大きな取り組みとなった。

　この「領収書発行」の義務化は、2005年4月に中医協委員に就任した連合推薦の勝村委員が中医協の場で粘り強く主張してきたことで、大きく前進した。なお、勝村委員は、2004年の中医協をめぐる贈収賄事件を契機に、連合が結成した「患者本位の医療を確立する連絡会」のメンバーとして「広く患者の声を代弁する立場」から、中医協委員に就任した。2006年から徐々に明細書発行の義務化が拡大され、連合がこの運動をスタートさせた1997年から約18年後の2015年にほぼすべての医療機関・薬局での診療明細書の発行が義務化されることになる。

　この連合の運動は、患者自身の医療情報（レセプト、カルテ等）の開示が困難であった医療の閉鎖性を打破し、「医療費明細のわかる領収書」発行の義務化を通じて、「医療情報は誰のものか」を明確

化するとともに、医療費・診療内容の透明化をはかるという意味
で、医療制度上も大きな意義があった。また、医療費還付請求にも
活用でき、長年に渡って連合政策要求の実現に組合員一人一人が取
り組むことができた「連合の存在意義を示す」運動でもあった。

◇ **「自己責任」を基本とする確定拠出年金法の成立**

　小泉内閣の初期、2001 年 6 月に確定給付企業年金法・確定拠出
年金法も成立した。これは森内閣で立案されたものではあったが、
小泉内閣の性格をも示したものであった。

　確定給付企業年金法と確定拠出年金法は、いずれも企業年金にか
かわるものであった。確定給付年金（厚生年金基金、税制適格年金等）
は、従来から大企業を中心に、公的年金を補完するため、退職金の
一部または全部を企業年金として給付する制度（退職金の分割払い）
として存在してきたものを法的に整備するものだった。この法律で
税制適格年金は 10 年を限度に廃止されることとされた。

　一方、確定拠出年金（日本版 401k）は、確定給付年金制度と異な
って、企業の拠出金額は企業ごとに決められているものの、給付額
は拠出金（積立金）の運用しだいとなるという性格をもっていた。
その運用も、企業の責任ではなく、運用機関が提示する投資信託等
の運用商品を加入者個人が選択して、その運用結果として受給年金
額が決まる仕組みになった。確定拠出年金をもつ企業間での受給権
の移動（年金のポータビリティ）も可能となったが、全体としていえ
ば、年金の受給額は、加入者本人の自己責任とされた。小泉内閣が
かかげる「自助」原則がここに示されていた。

　連合は、「企業年金は賃金の後払いである退職金の分割支給であ
るため、確定給付が基本」との認識のもと、確定給付の企業年金を
崩壊させる確定拠出年金に反対する意向を示していた。しかし、大
きな運動には取り組まず、成立時の付帯決議に、確定給付型年金か
ら確定拠出年金への移行時には労使の的確な確認を確保すること等

の記載を求めるにとどまった。各企業では、厚生年金基金や税制適格年金を廃止し、確定拠出年金への転換がしだいに多くなったが、確定給付型と一部を確定拠出年金に移行することをミックスにするケースが多かった。

　なお、この確定拠出年金法の成立を契機に、厚生年金基金や税制適格年金の確定拠出年金への切り替えが進むなか、連合は労働者・労働組合の不利益を防ぐため、学習会や相談・アドバイス等の活動をNPO法人「金融・年金問題教育普及ネットワーク」（代表理事：草野忠義/元連合事務局長）と連携して取り組んできた。

◇ 2004年年金制度改革の取り組みと国民年金の未納・未加入問題

　急速な少子高齢化が進行するなか、年金制度改正は、1994年、2000年改正による支給開始年齢の65歳への引き上げ等では終わらず、2004年改正では、さらなる保険料アップと年金給付引き下げが提案された。①厚生年金保険料を13.58%から段階的に引き上げ2017年に18.3%で固定する。②現役世代の所得の6割程度だったモデル年金額を2023年に5割程度まで引き下げる。給付水準引き下げは、物価上昇率から「労働力の減少率」と「平均寿命の伸び率」を差し引く「マクロ経済スライド」と呼ばれ、少子・高齢化が進めば自動的に年金水準が下がる制度への大転換であった。

　一方、基礎年金の国庫負担率1/3から1/2への引き上げ、離婚時の年金分割、育児休業中の社会保険料免除の期間延長（3歳まで）など、労働団体がこれまで主張していたものが一部取り入れられた。

　これに対し連合は、「21世紀社会保障ビジョン」に基づいて、「基礎年金を税方式化すれば、現行の給付水準を維持しても、厚生年金保険料は15%程度で持続可能」と訴え、審議会段階からシンポジウムや職場・地域で学習会、広報活動など広範な大衆行動を展開した。また、「基礎年金を税方式化する。厚生年金保険料を15%に抑

える」旨とする奥田経団連会長と笹森連合会長との共同見解（2003年 12 月 3 日）を発表し、同日に小泉首相への要請なども行ってきた。

　2004 年 2 月、改正法案が国会に提出されると、連合は全組合員へのチラシ配布（800 万枚）、新聞・雑誌での意見広告、テレビ・ラジオ CM など、次々と反対キャンペーンを繰り広げた。これらの費用にあてるため、一口 100 円の年金カンパを全組合員に呼び掛け、カンパ金は 3 億円を超えるまでになった。

　一方、民主党は「年金抜本改革推進法案」を提出するとともに、政府の年金改正法案の問題点を厳しく追及していった。政府・民主党の両法案の衆議院での審議中、福田官房長官や閣僚などの国民年金の未納・未加入問題等が発覚し、大きな社会問題となったこともあり、国民の 7 割が法案に反対という国民世論（朝日新聞、共同通信等の世論調査）が高まった。この様な状況もあり、7 月参院選を控え、年金関連法案の成立を急ぐ政府・与党の強引な法案審議（衆議院厚労委員会での強行採決等）が進められるなか、小泉首相と笹森連合会長との「政労会見」（2004.5.21）で、小泉首相は労使の代表を含む「社会保障のあり方に関する懇談会」設置を表明せざるを得なくなった（懇談会設置は参議院選挙後の 7 月 30 日）。

　なお、年金法案の衆議院通過を前に、閣僚や多くの与野党議員の「年金未納・未加入」が発覚するなか、自民党・公明党・民主党による年金一元化に向けた「三党合意」（2004.5.6）が図られた。その内容は「衆参厚生労働委員会に小委員会を設置し、年金一元化問題を含む社会保障制度全般の一体的見直しを行う。5 月 11 日の衆院本会議で、税・保険料の負担と給付のあり方を含めた見直しをする旨の修正を行う」等であった。さらに、民主党の菅直人代表も未加入期間があることが判明した（後に社会保険庁の過失と判明）。その後、福田官房長官の未納期間が判明し、その責任を取って官房長官を辞任（5 月 7 日）すると、菅代表も 5 月 10 日には代表辞任を表明せざるを得なくなった。

「三党合意」を受けて、年金改正法案が一部修正され、衆議院本会議（5月11日）を可決・通過したが、参議院段階での法案審議で、マクロ経済スライド制の問題点や給付水準50％維持のまやかし等が明らかになった。さらに、小泉首相がマクロ経済スライドなど改正内容を理解していないことも露呈したため、政府・与党は、委員会審議を途中で打ち切り、強行採決を図った。

　さらに、6月5日未明、参議院本会議で議長不信任案が出されるなど混乱する徹夜国会の末、民主党と社民党議員が退席したまま、年金改正法案は強引に採決され可決・成立してしまう。これを受けて、連合は同日、次のような事務局長談話を発表し、政府・与党の強行採決を強く非難した。「自民・公明党は6月5日朝、年金改悪法案の強行突破を図った。これは、副議長によって本会議の散会手続きが行われたにもかかわらず、不信任案が出されていた議長が散会手続きの無効を宣言するという、前代未聞の暴挙である。改悪法案は、閣僚などの未納・未加入問題の発覚に加え、保険料の上限固定や給付水準等のまやかしが明らかになり、国民の年金・政治不信はいまや頂点に達している」。

　連合の年金改悪反対キャンペーン、閣僚・国会議員の国民年金未加入・未納問題などもあり、2004年7月11日投票の参議院選挙では、民主党が躍進し、与党（自民・公明）の改選議席の過半数割れという結果となった。

　連合は、この年金改悪阻止の取り組みと7月の参議院選挙結果を受けて、「年金制度の抜本改革実現の取り組みのまとめと今後の課題」を取りまとめた（7月15日、中央執行委員会）。そのポイントは、「社会保障のあり方に関する懇談会の設置など、中央と職場・地域との「呼吸合わせ」（迅速な合意形成）について、さらなる工夫が求められる」と課題を残したことを指摘した。さらに、「法案は与党の数の力で強行採決されたものの、世論は政府・与党を追い込み、参議院選挙における民主党躍進に結びつけることができた」「設置

される『懇談会』を通し、社会保障全体の抜本改革に向けた取り組みは、これからが本番である」と表明した。

　小泉首相と笹森会長との政労会見で小泉首相が表明した「社会保障のあり方に関する懇談会」は、細田官房長官が主催し、7 月 30 日に第 1 回が開催された。

　連合は民主党との協議を続けながら、「懇談会」対応を図っていった。そのため、「基礎年金（最低保障年金）については、全額税方式による一元化を実現する。全国民を対象とする年金制度の一元化を目指す」等とする「民主党と連合の『年金一元化』に関する 4 項目確認」（2004 年 9 月 28 日）、「年金実務者協議における合意」（2005 年 2 月 24 日）など年金制度改革等についての協議を積み重ねていった。

　第 2 回懇談会（2004 年 9 月）では笹森会長が連合「21 世紀社会保障ビジョン」に沿って、「基礎年金の空洞化を解消し、無年金・低年金者をなくすためにも、基礎年金を全額税で賄う必要がある。厚生年金の保険料率は 15% 程度とし、15% を超えるまでに、具体的な見直しに着手すべき」等の意見を述べた。その後、懇談会では、税と社会保障との関係、少子化対応、医療制度、年金一元化のあり方などについて計 18 回、2 年に渡る議論が積み重ねられ、最終報告が 2006 年 5 月 26 日に取りまとめられた。

　最終報告では、《基本的な考え方》として、「社会保険方式を基本に国民皆保険・皆年金体制を今後とも維持」。《今後の在り方》では、「高齢者、女性、若者、障害者の就業を促進し、制度の担い手を拡大すべき。消費税を含む税制全体の改革を検討していくことが重要」と提起。（公的年金一元化）では、「まず、被用者年金制度の一元化から始める。今後とも基礎年金の国庫負担割合及び被用者年金一元化に係る方針を堅持。パート労働者などへの年金適用について検討を進める。国民年金と被用者年金の一元化は、社会保険方式を基本に今後検討すべき課題」とされた。

なお、笹森会長が主張してきた「基礎年金を税方式化し、厚生年金の保険料率の上限を 15% にとどめる」ことについては、報告書の別添として、掲載された。

　この最終報告書に対し、連合は、次のような事務局長談話（2006.5.26）を出した。「原則すべての雇用労働者への雇用保険と社会保険の適用、働きながら子どもを生み育てやすい雇用・就労環境に作り変える、雇用に対する企業の社会的責務など、社会保障と就労対策との関連を重視する視点が明記されたことは評価できる。しかし、当初の目的であった社会保障全般の一体的改革にはほど遠く、全く不十分な内容である」「連合は、年金空洞化解消、年金一元化や介護の普遍化などを含め、社会保障の一体的改革に向け、引き続き「協議の場」の設置を政府に強く求め、基礎年金の税方式化など真の年金一元化に向けた国民的論議を巻き起こし、その実現の取り組みを進めていく」と表明した。

　これ以降も連合は、連合「21 世紀社会保障ビジョン」や「連合税制改革基本大綱」等の内容の補強・見直しを行い、社会保障の財源は一般会計から切り離し目的税化して賄うという「税と社会保障の一体改革」を、一貫して主張し続け、その考え方は 2009 年 9 月の民主党政権に受け継がれていくことになる。

◇個別労働関係法と労働審判員制度

　個別労働関係法（個別労働関係紛争の解決の促進に関する法律）は、同じ小泉内閣によって 2004 年に制定される労働審判員制度を内容とする労働審判法とともに、労働組合組織率の低下や非正規労働者の増加、それに成果主義の拡がりによる労働条件の個別化などをも反映して、解雇などをめぐって各個人が抱える個別の労使紛争が多くなっていたため、このような個別労使紛争に対して、都道府県労働局に、紛争調停委員会を設置し、紛争の当事者に助言と指導を提供するのが目的だった。

　1999 年に司法制度改革審議会が設置され、連合からは髙木剛副会長（ゼンセン同盟会長）が委員として参加した。連合は、労働事件の迅速な解決を論点に掲げ、新たな制度の創設を主張した。これを受けて 2002 年 2 月労働検討会が設置され、顕著に増加している個別労働紛争に対応した司法手続きの在り方と労働委員会の改革が提起された。

　労働審判制度は、個別労使紛争に新たに裁判制度に準ずる審判制度を設けるもので、もともとは連合が要求してきたものだった。政府の案では、その審判手続きを、裁判官 1 名、労働関係についての専門的な知識と経験をもつ労働審判員 2 名で構成される労働審判委員会で行うようにするものだった。紛争の解決を従来のように裁判にもちこむ場合には、期日も長くかかり、裁判費用も多額で、当事者が泣き寝入りするケースも少なくなかった。労働審判制度では費用も安くなり、期日も委員会が 3 回以内で結論をだすことになっていて、比較的に簡便に活用できるという特徴をもっていた。当事者が審判に異議がある場合には、労働審判が行われた地方裁判所に訴えがあったものとみなされ、正式の裁判に移行するものとされた。

　地方連合会などの相談窓口では、労働にかかわる個別の相談があった場合に、地域ユニオンへの加入を求め、地域ユニオンによる団体交渉というかたちでの解決を求める場合もあったが、労働審判制度では、個人の紛争としてとらえるところに特徴があった。2 名の労働審判員のうち 1 名は労働側からだすことになっており、労働組合の役員スタッフなどの経験者が資格をとって、労働審判員となるケースが多かった。委員会にかけられる事案では解雇問題が主流だったが、解決の方法としては金銭で処理するものが多かった。

　労働審判制度は、個別の労使紛争の解決という点では積極的意義をもったが、これまでの集団的労使関係から個別的労使関係への流れを反映するものでもあった。

◇労働者派遣法の改正

労働分野における構造改革は、雇用の流動化をターゲットとしていた。

その一つは、派遣労働の対象業務の拡大である。98年の労働者派遣法改正によって、対象業務は原則自由化されたが、製造、建設、医療、警備の業務については引き続き禁止されていた。

2003年の改正に際しては、製造業務の解禁、派遣期間上限の1年から3年への延長などが提起され、とくに製造業務の解禁については労働側委員が強く抵抗したものの、結果的に押し切られた。

ここにみられるように、この時期の労働分野の構造改革で特徴的なことは、人材ビジネスが前面に出てきたことであった。もちろん、労働者派遣の拡大は、派遣先企業にとっても雇用責任や団交応諾義務の解除など大きなメリットがあるが、人材業界が法改正に積極的に乗り出す動きが顕著になるのはこの頃からである。

◇解雇ルールの見直し

もう一つは、解雇規制の緩和、とくに解雇の金銭解決制度の導入の検討であった。

それまで解雇ルールについては、労働基準法における解雇予告と予告手当に関する規定がある一方で、解雇権の判例法理が確立しているにとどまっていた。

構造改革を主張する側は、日本の終身雇用慣行が「流動化」の阻害要因となっていることを指摘する一方、OECDの試算を用いつつ日本は国際的にみても解雇しにくい国であるとして、解雇無効の場合に、使用者側の申し立てによる金銭解決制度の導入を主張した。

厚生労働省の労働条件分科会では、①解雇の金銭解決と、②解雇権濫用法理の法制化をめぐって審議が進められた。

このうち①については、労働側委員が、終身雇用慣行といっても解雇が日常的に横行している実態を指摘する一方、解雇無効の場合

に使用者側に金銭解決の申し立てを認めることは、事実上の解雇権行使になるとして強く反発した。

　こうした議論経過を経て、①については、分科会の建議には盛り込まれていたものの、法案要綱の段階で削除された（その背景には最高裁の判断もあったとされている）。

　一方、②の解雇権濫用法理の法制化については、判例から「足しも引きもしない」ことを前提に労働条件分科会の議論が進められ、法案が策定されたが、ここで大きな問題が生じた。

　判例は、（1）他の法律で制限されている場合を除き、使用者は労働者を解雇できること、（2）ただし、その解雇が客観的かつ合理的な理由を欠き、社会通念上相応と認められない場合は無効とすること、というものであったが、この二つのセンテンスが分かれていると、裁判などで合法性を立証する責任が申立人つまり労働者側に課せられることになるのである。分科会での議論では、立証責任が使用者側にあることを確認していたにもかかわらず、そうならないことが法案策定後に判明したのである。

　国会審議においては、この矛盾について、民主党の議員を中心に追及を続け、先の二つのセンテンスが一つの文章として修正されるという、異例の結果となった。

◇福知山線脱線事故と企業不祥事の連発

　いってみれば、しだいに経営者がやりたい放題になっていくなかで、多くの事故が発生したのもこの時期の特徴だった。その典型はJR 西日本の事故だった。

　2005 年 4 月 25 日午前 9 時 3 分 JR 西日本の福知山線の塚口駅と尼崎駅のほぼ中央にある急カーブで快速列車が先頭車両から脱線し、そのまま線路脇のマンションにまでつっこんだ。この事故で運転士を含む死者 107 人、重軽傷者 555 人をだすという大惨事となった。

事故の原因ははっきりしていた。福知山線の快速では通常時速110キロまでのスピードが許容されているが、ここは急カーブということで時速70キロに制限されていた。ところが、この快速電車は、塚口駅を通過したのち、規定通りに減速することなく、時速115キロの速さで走行し、結果としてこの急カーブを曲りきれず、先頭車両から脱線して、大惨事を引き起こすことになった。

　問題の焦点はなぜ運転士が危険を承知で危険なカーブを急スピードで走り抜けようとしたのかにある。

　もともと、この快速電車は、前の停車駅である伊丹駅までに約30秒の遅れをもっていたが、同駅で停車位置を大きくはずれるオーバーランをおこしたために、同駅を出発するときには1分20秒の遅れとなっていた。この遅れをとりもどすために、運転士は規定を超える時速125キロで塚口駅を通過し、急カーブの直前で通常のブレーキをかけたものの間に合わなかった、というのが兵庫県警や鉄道事故調査委員会の調査結果で明らかになっている。

　運転士の無謀ともいえる運転にかりたてたものは「日勤教育」というJR西日本がつくりだしていた懲罰制度にあった。列車の遅れは、絶対に許されない、という雰囲気が職場にはつくられていた。これは、他の鉄道会社でも実施されているミスをおかした職員への再教育とは異なって、事情の説明書を書いたり、運行規定の再確認を行うだけでなく、草むしりや窓拭きなどの懲罰的な業務が課せられたうえ、つぎにミスをおかしたときには運転士をやめる、といった誓約書を書かされる場合もあった。事故をおこした運転士は、すでに1度「日勤教育」の対象となった経験があり、再度その対象になるのを避けたいという心理が速度を取り戻そうとする運転につながったものとみなされた。

　そうした意味では、この悲惨な事故は、JR西日本の働き方に大きくかかわっていた。当時JR西日本の主流派の組合は、JR連合系だったが、旧動労の系譜をひくJR総連系と国労もそれぞれ一定の

組合員を擁して存在しており、この 3 系列の労働組合のいずれも競争万能主義の会社側の施策に歯止めをかける活動を展開したとはいえなかった。

　要するに、小泉改革のもとでは、市場万能主義の旗のもとに、労働者や消費者に自己責任を強要し、結果として、事業者は、やりたい放題のことをやってもよい、という風潮を生みだした。2005 年には建築業者が耐震偽装マンションを建設したが、購入者は自己費用で退去しなければならないという事件が発覚した。これは建築基準法の緩和が背景にあった。2006 年にも企業不祥事が相次いだ。大手の生命保険会社や損保会社では不払い事件が相次いだ。市場万能主義のもとで登場して、マスメディアの寵児となっていた村上世彰や堀江貴文が粉飾決算やインサイダー取引で逮捕された。

　小泉改革のもとでは、労働と生活の悪化がほとんど日々進行していたが、それはまた労働運動の外延的な展開によって規制することが必要であったし、その一部は実際に労福協の活動展開のように、効果をあげた側面もあったが、全面的な効果をあげるものとはなっていなかった。

第5章 | 民主党の躍進と労働運動

第21回参議院選挙を受けて連合の記者会見（2001年7月30日）

年表は1～3章参照

【概要】

　連合の笹森体制の時代の特徴は、民主党の躍進であった。小泉政権下の最初の選挙であった2001年の参議院選挙では同党は思われていた以上に議席を増やした。議席1名区での当選者も多く、それには地方連合会が大きな役割を果たした。2003年の衆議院選挙の直前には小沢党首の自由党が民主党と合同し、比例区では自民党を上回る票と議席を確保した。連合のかかげる2大政党的体制による政権交代を実現するという方向が明らかに示された。2004年の参議院選挙では民主党は自民党を上回

157

る議席を確保した。自民党は、公明党との連立でようやく政権を保った。

こうした政治動向に水をかけたのが、2005年の9月に行われたいわゆる郵政選挙だった。この選挙をつうじて民主党は惨敗した。これは、それまで民主党を支えてきた大都市部の有権者の民主党離れの結果であった。それでも、二大政党化の方向性は維持された。

このような民主党の躍進は、連合の「政権交代可能な二大政党的体制」という基本方針からみても、連合の政策要求を国会で修正させるなどの具体的な内容からみても、連合にとっては大きな成果であった。

とはいえ、連合と民主党の関係がたえず良好だったわけではなかった。1つの理由は、連合と傘下の組合が政治活動面で十分な成果を上げられなかったことによる。参議院選挙の比例区においては、組合員数に対する組合推薦候補者の氏名を書く比率を組合の結集率とすれば、構成産別のなかで電力総連のように100%をこえた産別もあったが、20%程度にとどまる組織もあった。労働組合の政治的結集が民主党を大きく支えるというよりは、浮動票に依存する民主党の獲得票のおかげで、産別の候補者が当選するという事態もあった。多くの地方連合会では、1名区を中心に、実質的に選挙運動の主力となるケースも少なくなかったが、選挙における産別組織を通ずる結集率は明らかに低下していた。

もう1つは、民主党の側の問題だった。たとえば、同党の一時の前原誠司代表のように、労組依存の関係を改めると主張する、労働組合批判グループは、同党の議員のなかでもかならずしも少数ではなかった。このため、連合と民主党のあいだにはときとしてギクシャクした関係が現れた。もともと民主党の国会議員のなかには、自民党から離脱したり、自民党の候補者として選出されないという事情で、保守的な考え方をもち、リベラルとはいいがたい人材もかなり存在していて、政策的な方向性でも、連合とすべて一致しているわけではなかった。むろん、全体としては、二大政党の一角となり、政権をめざすという基本は一貫して共通していた。

なおこの間、社会党と共産党は、選挙において大きな停滞の傾向がめ

だった。共産党は、民主党が伸び悩むときにはやや議席を増加したときもあったが、社民党は衆参合わせて 1 〜 2 名程度の議員を確保するにとどまった。

1. 二大政党制への道

◇小泉政権下の選挙動向

2001 年 4 月に成立した小泉政権は 2006 年 9 月に安倍晋三内閣に引き継がれるまで、5 年 5 カ月にわたって継続した。この間に、衆議院と参議院の選挙がそれぞれ 2 回ずつ行われた。

小泉政権誕生後、最初の国政選挙となった 2001 年 7 月の参議院選挙では、自民党は小泉人気に乗って改選議席を上回る議席を確保し、その当時の政権の形態であった自民、公明、保守の与党 3 党では、非改選とあわせて過半数を大きく上回った。小泉人気は、田中真紀子外相や非議員で、市場万能主義者の竹中平蔵慶應義塾大学教授の任命や、北朝鮮訪問による拉致被害者 5 人の帰国、ハンセン病国家賠償訴訟の上告断念など、これまでの自民党政権とは異なる手法が国民から支持を集めたもので、各種の世論調査では、内閣支持率が 80% になるものがあるなど、その人気は驚異的であった。

連合と連携する民主党はこの選挙では改選議席を 4 上回る 26 議席を確保して、存在感を示した。自民党政権から離脱した自由党も議席を伸ばした。共産党は前回の 3 分の 1 の議席確保にとどまり、社民党は選挙区議席がゼロとなるなど、現有議席を大きく減らした。結果からみれば、自民党と公明党の圧倒的勝利だったが、野党の状況からすれば、将来的には二大政党の一角に民主党が食い込む予兆をも示していた。

小泉内閣のつぎの国政選挙として、2003 年 11 月 9 日に投開票が行われた衆議院選挙では、自民党や民主党などが政権公約をマニフェストとしてかかげたため、マニフェスト選挙とよばれた。この選

挙では、自民党は議席を減らし、単独では過半数に達しなかったが、この前年には、自民党議員の金銭不祥事がつぎつぎと明らかになっていた。公明、保守の両党をあわせた与党全体ではいわゆる絶対安定多数を確保した。

この選挙前には、後述のように（162ページ参照）、民主党と自由党が統合して、新しい民主党となっていたが、その民主党は解散時より、比例区では自民党を上回るほど大きく議席を伸ばした。連合笹森会長は、「二大政党に向けた足場は固めることができた」と評価した。

共産党と社民党の議席が激減し、前年の選挙と同様の傾向を示した。共産党はこの選挙後に綱領の改正を行い、社民党では土井たか子委員長が辞任した。

次の2004年7月の参議院選挙でも、民主党の躍進が続いた。この選挙で民主党は、小泉内閣の自衛隊イラク派遣と年金改革について、連合のゼネラルアクションと並行して追及し、政権への批判票を大きく吸収し、結果として改選議席のレベルでは自民党を上回る議席を確保した。自民党は公明党との連立でようやく多数を保った。

◇民主党の変化

1998年4月に、民政党や新党友愛などと合併し、新しい体制となって民主党は野党第一党となった。初代の代表は菅直人で、1999年には、リベラル派を代表するかたちでの菅直人、旧社会党が推す横路孝弘、保守系の鳩山由紀夫の3人で代表選挙が行われ、鳩山が代表に選出された。発足以降、民主党は、政権交代を可能とする二大政党の一方を占めることをめざしていた。

これに大きくたちはだかったのが、小泉内閣の登場であった。何より、民主党がかかげていた政策内容のなかには、小泉首相が主張する構造改革に近いものが少なからずあり、自民党内の小泉首相へ

の対抗勢力との関係では、むしろ小泉内閣と政策上の協力関係を模
索する動きもあった。鳩山代表自身、一時は小泉首相にエールを送
る場面もあった。

　こうした動きには、民主党を構成する各グループとのあいだでの
対立ともかかわっていた。典型的には、2001 年 9 月にアメリカで
発生した同時多発テロに対応するかたちで小泉内閣が国会に提出し
た自衛隊の戦時海外派遣を含むテロ対策特別措置法案への対応であ
った。鳩山代表は、基本的には同法案に対して賛成の立場をとり、
自衛隊の海外派遣については、国会の事前承認を条件として自民党
との協議に臨んだが、自民党は受け入れず、民主党は国会採決で、
反対の立場をとった。同年 11 月に、自衛隊が派遣され、国会での
事後承認が求められたときには、民主党は賛成の立場で、党議拘束
をかけたが、横路孝弘副代表ら旧社会党系議員など約 30 人が、反
対、棄権、欠席などで抗議の意を表明した。

　この間に、民主党と自由党との統合の話し合いが進んでいた。自
由党は一時、自民党と連立政権を形成していたが、小沢一郎党首
は、同党の分裂をもたらしたものの、小泉政権下では野党の道を選
択していた。2002 年には、民主党・鳩山代表と、自由党・小沢党
首のあいだで合流の話し合いが行われたが、この段階では、民主党
内からの反対で実現しなかった。鳩山代表が、この問題への対処の
責任をとって辞任したあと、鳩山と新しく代表となった菅直人は、
当初、両党の合流については先送りする、ということで了解されて
いた。

　しかし、2003 年になって衆議院の議員任期の終了が近づくにつ
れ、菅代表は、総選挙で躍進するためには、両党の合流が必要であ
ると判断し、あらためて民主党内での説得活動を開始した。その結
果、7 月に同党内の機関で合流が確認され、菅代表と小沢党首のあ
いだで協議が行われた。この協議では、両党の合併後も、党名のほ
か、規約・基本政策などについては、民主党がもっていたものを継

承する、という民主党による自由党の吸収合併の形式をとることが確認された。

　2003年9月24日、民主・自由両党が合併協議書に調印し、10月5日には、合併大会が行われた。この大会であらためて代表に選出された菅は、「生活者・納税者・消費者の立場に立つ党としての基本理念にたち、政権交代を実現する」とあいさつした。

　両党の合併の直後に実施されたいわゆるマニフェスト選挙と翌年7月の参議院選挙では、得票数・率と議席数を大きく伸ばし、実際に政権交代をうかがう二大政党システムへの道を開いた。2005年の郵政選挙では大敗したが、政権を展望する基盤は維持された。

　この間、菅代表と小沢代表代行は、のちに社会保険庁側のミスによることが明らかになったものの、年金の未納付問題が発覚して辞任し、後任には、岡田克也衆議院議員が就任した。岡田代表も、2005年の郵政選挙での民主党の大敗の責任をとって退任し、両院議員総会では、前原誠司衆議院議員が、菅元代表を2票差で破って新代表に就任した。

2. 連合を中心とする労働組合の政治活動

◇連合と民主党の関係

　こうした政治的な変化のなか、連合は、1999年の大会で、それより6年まえに決定していた政治方針を見直した。この方針の最大の特徴は、政党支持のあり方を、それまでの構成産別の自主的な方針にまかせていたものを、「政権交代可能な二大政党的体制への政界再編に向けて、民主党を基軸とした、勤労者・市民を基盤とする幅広い政治勢力の結集をめざす」として、特定政党の支持を明確にしたことであった。新方針はまた、一方では各産別の政党との関係についてはこれまでの支持協力関係を考慮して相互に理解しあうものとするとしつつも、「構成組織は、連合の決定した方針を尊重し、

統一的対応に努める」ことを求めていた。この方針にもとづいて、連合は政治センターを立ち上げてもいた。

　小泉政権が誕生し、新たに笹森・草野体制となる 2001 年の連合大会の運動方針のなかでは、政策協議の対象として、民主党とともに自由党を明記する一方、政権との関係については、「いかなる政権に対しても、政策を中心に、是々非々の立場で対応することを基本とする」としていた。

　連合を構成する各産別の 2001 年の運動方針などに示されたところでは、このような連合方針とはやや異なるニュアンスをもつ組織もあった。民主党を基軸あるいは軸という表現で、連合方針に近接していたのは、ゼンセン同盟、電力総連、鉄鋼労連、JAM、情報労連などであった。それとは別に、「民主党基軸」をうちだしながら、地域の実状を踏まえて社民党とも協力するとした食品連合のようなケースもあった。直接基軸というような表現をとらないものの、連合の方針を重視するという立場を明記している産別もほぼこれに準ずるものであった。

　全逓、自治労、日教組など、従来の官公労系では、「民主リベラル勢力の結集」とする考え方でほぼ共通していた。このうち、全逓と自治労は「民主党基軸」をうちだしていたが、日教組は、2001 年の段階では、民主、社民両党との支持協力関係を維持することをうたっていた。私鉄総連もほぼ日教組と同様の方針を決めていた。自動車総連は、「民主党支援」をうたい、電機連合は、民主党について「政権の一方の核となりうる政党として期待」という表現で、連合方針をうけいれるが、かならずしも全面的にではない、というニュアンスを示していた。

　こうした連合の動向に対極的な方針を示していたのが、新たに結成されていた JSD で、活動の基本理念として、特定の政党やイデオロギーを支持するのではなく、「党派を超えて見識・行動力ある政治家との関係強化」「組合員の自発的な政治参加を促進させる運

動」を基本とする、としていた。JR総連は、従来から、特定政党を支持しないという方針をもっており、2000年代初頭でもこの方針が維持されていたが、JSDのような具体的内容にまで踏みこんだ内容は示していなかった。

　大産別組織の金属労協は、政策・制度にかかわる各省と羅列するかたちで、民主党を要請活動の対象としていた。ただ国政選挙においては、加盟産別組織の推薦の候補者は金属労協も推薦するとしていた。おなじく大産別組織の交運労協には、国労や全港湾のような連合未加盟組合も加入していたこともあり、政党との関係は政策活動のために限定し、「等距離連携で臨む」としていた。

　全労連は、1989年の結成大会で決定した行動綱領で「政党からの独立」の原則をかかげ、特定の政党関係では、支持も排除もせず、一致する要求課題については協力し、共同行動を行うとしていた。その原則は2000年代にもそのまま維持された。全労協は、やはり1989年の結成大会で決定した「基調と目標」を維持していた。「基調と目標」は、労働者と労働組合とを区分し、労働者の政党支持は自由であるが、労働組合としては要求と政策を共通にする革新政党と協力する、としていた。

◇ 2001年参議院選挙をめぐって

　小泉内閣期に実施された4回の国政選挙のうち、2001年の参議院選挙にあたっては、連合は民主党とのあいだで政策協定を締結した。その第1項は、この時期の緊迫した雇用情勢を反映して、100万人の雇用創出などを内容として、同時に小泉内閣の用語法もとりいれたかたちで、「将来に希望のもてる構造改革を進める」とされていた。第3項では、非正規労働者に対する労働条件の差別禁止法の制定などを内容とする「公正労働ルールの確立」が盛り込まれた。

　この選挙の比例区では、各産別が9人の候補者を擁立した。選

挙区では連合は 48 人の候補者を推薦したが、そのうち民主党公認
が 35 人で、あとは自由党、社民党各 1 人、無所属 11 人だった。各
産別では、連合本部の推薦と基本的に同じであったのは、全遞だけ
で、あとは推薦対象の総数でも、内容にかなりの違いがみられた。
たとえば、ゼンセン同盟は、選挙区の推薦候補者総数では連合方針
に近かったが、推薦の対象に公明党の 1 人が含まれていた。電力総
連、食品連合のように、比例区の候補者のみを指定した産別もあっ
た。

　この選挙の結果では、民主党全体としては、議席数を増加させた
ものの、比例区の産別擁立候補者のなかからは、9 人のうち情報労
連、ゼンセン同盟、JAM の 3 組織の擁立候補者が落選した。9 人
の産別擁立候補者の得票総数は約 169 万票にとどまった。擁立候補
者の当選をはたした産別でも、得票が産別加盟人員数を上回ったの
は、電力総連だけで、自治労や電機連合などでは、得票数は加盟組
合員数の約 4 分の 1 にとどまった。

　連合は 9 月に行われた中央執行委員会で、「選挙闘争のまとめ」
を決定し、民主党が小泉首相の「構造改革」の本質や誤った方向を
指摘しないで、たんに改革のスピードを競うという不毛な選択肢し
か示せなかったことが重要な敗因であると指摘した。また組合員の
組合に対する求心力が弱まっており、結果として労働組合の集票能
力が低下していた、とも指摘していた。ただ、複数区を中心に組織
内候補が健闘したことについては、地方連合会の女性選対とか、ニ
ッポンよなおし隊などによる積極的な活動が貢献した、と評価し
た。

　こうした選挙結果も反映して、この参議院選挙のあとでは、連合
と民主党との関係がぎくしゃくしたものとなった。もともと、民主
党内には、保守系の国会議員を中心に連合とは距離をおくべきだと
する議員が多く、2001 年 4 月には衆議院議員の 1 人がこのことを
理由に離党するという事件も起きていた。参議院選挙の際には、労

働組合に依存するには限界がある、という意見が、民主党内であい ついでだされるようになった。鳩山代表も、「党と労働組合とは、 目的が異なるので、成熟した関係を構築する」などと、連合・民主 党関係の見直しを示唆する発言も行った。

連合側でも、見直し論が強まり、軸足を政労会見など、実在する 政権との関係を重視する方向も示されたが、政党との関係では、こ の段階では、民主党との協力関係を基軸とする、という点での大き な見直しは行われなかった。連合と民主党のぎくしゃくした関係 は、なお続いたが、2003年2月の民主党常任幹事会で、連合と民 主党は、多くの政策課題の実現と政権交代という政治目標を共有し ているとして、国民各層の重要なパートナーであり、今後さらに緊 密な連携・協力関係を築くとする内容の公式見解を発表し、連合の 政治センターもこれを了承したため、公式的には、一応は解決され た。

◇ **2003 年総選挙**

マニフェスト選挙とよばれた 2003 年の総選挙を前にして、民主 党と自由党が合流したことに対しては、連合は歓迎した。しかし、 連合と民主党の双方に不信感はのこっており、両党の合併大会に出 席した笹森連合会長は、「招いていただき感謝している」と、皮肉 ともとれる挨拶を行った。

総選挙の直前には、前回参議院選挙と同様、民主党とのあいだに 政策協定が締結された。

選挙の結果では、民主党が大幅に議席を増やした。ただ連合の組 織内議員は、解散前の 48 人から、42 人に減少した。内訳は民主党 39 人、社民党 3 人だった。

12 月に行われた連合中央執行委員会では正式な選挙のまとめが 確認された。ここでは、民主党の躍進を評価しながらも、連立与党 に絶対多数をゆるしたとして、「半ばの勝利」と評価した。

◇ **2004 年参議院選挙**

2004 年の参議院選挙にあたっても、民主党とのあいだで政策協定が締結された。その内容としては、雇用創出と地域経済の活性化、パート労働者の均等待遇法の制定、男女雇用機会均等法の改正、年金制度抜本改革などが盛り込まれた。連合は、「投票に行こう！」というスローガンのもとに、全国的な街頭宣伝活動を展開した。

各産別は、比例区に合計 8 人の候補者を擁立して、合計 170 万票を確保して全員当選した。ただ、産別擁立候補者の得票は、加盟組合員総数には達せず、民主党の獲得票の約 8% にとどまり、全員当選は民主党の獲得票数の大きさに依存する部分も多かった。

連合は、改選議席数と比例区で、民主党が自民党を上回ったことに対して、「次期総選挙で政権交代を実現するための大きな足がかりを築いた」などと評価した。

◇ **郵政選挙**

連合が主張する政権交代可能な二大政党的体制へのこうした流れに水をさしたのが、2005 年 9 月に行われた、いわゆる郵政選挙だった。小泉政権が進めた郵政民営化法は、自民党内でも反対が強く、造反議員が続出して、参議院で否決されたのに対して、小泉首相が総選挙にうってでた。郵政民営化法に反対する候補者に対しては、刺客とも呼ばれた対立候補をたて、自民党の公認を召しあげた。こうした方法が国民的な人気を呼び、この選挙では、自民党が 300 議席近い議席を得て圧勝した。連立を組む公明党と合わせると、総議席の 3 分の 2 を占めた。一方、民主党は、小選挙区の議席数で自民党の 4 分の 1 以下にとどまった。これは、これまで民主党を支えてきた大都市部で、票を得られなかった結果だった。二大政党制への道は、この選挙でいったんは挫折した。共産党と社民党はほぼ現状維持となった。

2005 年に行われた郵政選挙にあたっても、連合は民主党とのあいだで政策協定を締結した。その基本目標は、サラリーマン大増税を阻止し、不公平税制を是正する、安心・安定の暮らしを支える社会保障制度の抜本的改革を実現する、小泉構造改革路線を転換し、弱者切り捨ての二極化・格差社会を解消する、の 3 本柱とされた。連合は、社民党とのあいだでも、政策協定を締結したが、こちらの方では、非正規労働者の均等待遇の実現、地域に根付いた雇用の創出が強調されていた。どちらにも、選挙の最大の焦点となる郵政民営化については、柱としては、明確な言及はなかった。具体的な運動としては、地方連合会を中心に、前年と同様の「投票に行こう！」運動が中心となって展開された。

　民主党が大敗した郵政選挙の後の 2005 年 10 月に行われた連合の中央執行委員会では、この選挙のまとめを確認した。このなかには、「勤労者を代表して政策・制度改善に取り組む連合が、既得権擁護団体のレッテルを貼られ、打ち破れなかったこと、サラリーマン大増税阻止のキャンペーンも有権者の大多数を占める勤労者の共感を獲得できなかったことは重大な反省点である」「大都市部に多い未組織のパート・有期・契約労働者などの心に響く日常的な取り組みを重視していかなければならない」などの内容が盛り込まれた。その上で、選挙区では自民党の獲得議席数は民主党の獲得議席の 4.2 倍であったが、得票数では 1.3 倍で、この数字からみると、小選挙区制のもとでは、一気に逆転して政権交代にいたる可能性をも示している、とした。

　この選挙直後、連合大会では、高木会長・古賀事務局長の新体制となったが、民主党とのあいだでは再びギクシャクした関係が表面化した。やはり、郵政選挙のあと、新たに就任していた民主党の前原代表が、一方では両者が揃って、サラリーマン大増税反対などの街頭演説を行って共闘の姿を示していたが、他方で、前原代表が国家公務員の人件費総額を 3 年間で 20% 以上の減額を提案し、高木

会長がこれに反論する、といった場面もあった。

第6章 労働運動のつぎの時代に向けて

連合第9回定期大会（2005年10月5日〜6日）

【概要】

　連合は 2005 年 10 月の大会で、髙木剛会長、古賀伸明事務局長らの新しい体制がスタートした。この大会での会長選挙には、鴨桃代・全国ユニオン代表が立候補し、予想外の得票を集めて注目された。

　髙木会長の最初の段階では、その前期と比較して、経済情勢の若干の好転もあって、たとえば春季生活闘争においては 2006 年、2007 年の賃上げの面ではわずかであっても上向き傾向がみられたが、労働組合側がリーダーシップを発揮できない状況が続いた。

　一方で、新たに設立された非正規労働センターの活動には、地方連合会でも多くの参加組織があり、労働相談などのほか、賃上げ闘争における「底上げ」「下支え」活動のよりどころとなった。地域におけるパート共闘、中小共闘、有志共闘などの活動も活発化した。

　髙木体制のもとでは、2007 年の通常国会が労働国会ともよばれたように、労働に関する多くの法案が提出されていた。雇用対策法改正案、パート労働法改正案、雇用保険法改正案、労働契約法案、労働基準法改正案、最低賃金法改正案の 6 法案がそれであった。これらはいずれも、労働をめぐる環境の変化に対応するものだった。その内容は、政府が労働政策審議会のレベルで提案していたようなホワイトカラー・エグゼンプ

ションであるとか、政府提案に含まれた残業割増率のひきあげが過労死基準の 80 時間以上に限定されるとかいった内容を修正することに一部は成功した。

1. 連合、髙木・古賀体制の成立と展開

◇ 2005 年連合大会

　連合は、2005 年 10 月 5 日から 2 日間、第 9 回定期大会を開催した。この大会に提出され、決定された方針では、これまで展開されてきた経済のグローバリゼーションと市場万能主義と小泉構造改革路線による弱者切り捨て路線と対抗していくことを基調として示していた。連合は新運動方針のなかで、当面の 2 年間の重点課題として、「中小・パート・派遣労働者に最大限の視点を当てた運動」と「地域に顔の見える運動」の二課題を掲げた。

　この大会では、笹森会長が退任することとなっており、その後任をどのように編成するかが 1 つの焦点となっていた。笹森会長は、世代交代を理由として、電機連合の古賀伸明委員長を会長として推薦していたが、草野忠義事務局長も出馬に意欲を示したため、連合役員推薦委員会では調整が難航した。最終的には、役員推薦委員会では、髙木剛 UI ゼンセン同盟会長を候補者として決めた。

　会長の立候補締め切り日、役員推薦委員会での選考過程に疑問があるとして、全国ユニオンの鴨桃代会長が立候補の届け出を行った。このため、大会で会長選挙が実施された。

　選挙にあたって両者はそれぞれ立候補演説を行った。

　髙木は役員推薦委員会の全会一致の要請で立候補したとする経緯をのべたうえ、連合内部でとくに意見の違いがある問題については率直に論議し、広く勤労国民に発信していく、未組織労働者の組織化、パートタイマー・派遣労働者などの組織化で労働組合組織率を20% まで回復する、格差問題に留意しつつ勤労者家計の可処分所

得の回復、中小共闘・パート共闘の強化の4点を活動の主軸としていくことを強調した。最後にということで、近年、労働組合の政治活動力の弱体化を指摘し、民主党との連携を基軸としつつ、自らの政治活動への糾合力を高めていく必要があることを強調した。

これに対して鴨は、立候補の第1の理由として、連合がいぜんとして正社員中心の労働組合から脱皮することができず、パート・派遣・有期の労働者を仲間に加えるよう総力をあげて取り組み、連合を労働組合をもっとも必要としている人びとの拠り所にすることをあげた。2つめの理由としては、労働運動を活性化するためには、組合民主主義を貫徹する必要があるということであった。具体的な例として今回、役員推薦委員会が立候補を希望している人物をさしおいて、満場一致の名で立候補の機会を奪うという、一般の人びとにはわかりにくい手法をとったことをあげた。具体的に名前をあげてはいなかったが、これはこの4年間笹森・草野体制が開かれた労働運動への努力をしてきたと主張していることからも、草野（前）事務局長問題を指していることは明らかだった。

大会での投票の結果、髙木が投票総数486人・有効投票472人中323票を獲得し、連合会長の座についた。鴨も107票と、小産別にもかかわらず、善戦ともいえる票を獲得した。ほかに白票39票、無効票3票であった。これは、いずれかの産別がまとまって入れた結果ではなく、さまざまな産別に散在する髙木批判票を吸収した結果とみられた。

新事務局長には、役員推薦委員会の推薦通り、古賀伸明電機連合委員長が就任した。

人物紹介　**髙木　剛**（たかぎ・つよし）

1943年、三重県生まれ。愛知県立旭丘高校をへて1967年東京大学法学部を卒業。大学在学中は野球部で活躍した。大学卒業後は旭化成に就職、就職後間もなく労働組合活動に参加し、1973年には旭化成労働組合連合会の書記長、続いて委員長となり、1977年には宮崎地方同盟の会長として活躍した。1981年、ゼンセン同盟の依頼を受けて、タイ・バンコクの日本大使館に赴任し、労働組合出身の最初のレーバーアタッシェとなった。帰国後の1984年にゼンセン同盟常任執行委員、1988年には、同書記長、96年には同会長に就任し、介護労働者やパートの組織化、さらにはCSG連合との合同などを通ずるUIゼンセン同盟というかたちでの複合産別化など、組織面での新しい方向性を確立した。

2005年、連合会長に就任以降は、地域組織強化のために、出身母体とは対立する場面もあったが、連合財政の強化に貢献した。リーマン・ショック時、派遣村が作られたときには、支援集会にでかけた。また会長就任以降の最初の大型選挙である2007年参議院選挙と2009年衆議院選挙では民主党の躍進を支え、民主党政権の成立に貢献した。2009年、連合会長を退任したあとは、民主党政権のもとで国家公安委員に就任したほか、全労済協会理事長なども歴任した。

2015年、旭日大綬章受章。

◇ 2006 ～ 2007 年春闘

髙木・古賀体制が成立したすぐあとの連合が直面したのは、2006年の春季生活闘争だった。2006年の賃上げ闘争については、髙木会長はとくにマクロの生産性上昇の成果配分を強調し、前年までの

実質ベア要求ゼロを脱出し、賃上げ原資の確保を重視する意向を示し、連合の方針では1%以上の純ベア分の確保を要求するとした。またこの年には、前年に引き続いて中小共闘を設置するとともに、はじめてパート共闘会議を発足させた。パート共闘には15産別がエントリーした。

賃上げ要求という面では、実際に、2002年から2005年までベースアップ要求を見送ってきた金属労協が標準労働者の基本賃金の引き上げを求めるかたちで、連合の方針に沿い、実質的な賃上げの確保を方針とした。UIゼンセン同盟では、賃金体系が確立していない組合で3%、7500円、賃金体系が確立している組合では平均1%、2500円の賃上げ原資の確保を要求することとした。

各組合が2002年から見送ってきたベア分の要求をうちだした背景には、経済成長の長い継続があった。政府の発表では2005年11月に景気拡大期間が戦後最長となっていた。内閣府は、デフレ脱却が視野に入りつつあると、主張した。しかし、実際には、2002年以降の年率平均成長率は1%程度ときわめて低かった。さらにその成長も、円安による、自動車・電機の輸出の好調によって支えられたもので、これまで賃金上昇が抑圧されてきたことによって内需の拡大はほとんどみられなかった。それにしても、一定の経済成長が背景にあって金属労協などのベアを含む賃上げ要求が行われたのが、2006年春闘の特徴だった。

全労連を中心とする国民春闘会議は、例年通り、だれでも1万円以上の賃上げ要求などをかかげた。

日本経団連は、2005年12月に経営労働政策委員会報告を発表し、賃金については短期的な調整ではなく長期的な視点で臨む必要があるとして、自社の支払い能力を基本として、短期的な業績改善と一時金で処理することを求めた。なお、この年の経営労働政策委員会報告では、とくにホワイトカラー・エグゼンプション制度の導入を強く求めていた。

　2006年に入り、連合は闘争開始宣言中央集会、パート労働者の集い、連合総決起集会など、中央レベルと地方連合会レベルでの大衆行動を展開した。このうち、3月3日の連合総決起集会と同じ日、金属労協も大衆集会を設定したが、金属労協がこのような大衆行動を設定したのは26年ぶりのことであった。

　2006年3月15日、金属労協大手企業で、一斉回答が示された。ベアでみると、自動車関連ではトヨタが1000円、ホンダが600円など、5年ぶりの賃上げとなった。電機連合では大手組合がベア分1000円の歯止めをかけたが、実際にこれをクリアしたのは富士通など2組合にとどまった。他の大手組合は500円だった。それでも、ここでも賃上げの有額回答は5年ぶりのことだった。2年単位の賃上げ闘争としている基幹労連は2年分の賃上げとして3000円を要求したが、賃金改善の原資は準備するという回答は確保したが、具体的な金額は示されず、各社ごとの交渉に委ねられた。

　金属労協は、春闘総括のなかで「ベアの考え方は堅持しつつ、取り組みの枠組みを広げたことが、金属産業全体として賃金要求を可能とし、過去数年賃金の一律的な引き上げを否定してきた経営側を論議の土俵に乗せることにつながった」と評価した。

　厚生労働省調べで、民間主要企業の賃上げの妥結状況は、全体平均で5661円、1.79%だった。前年と比較すると率で0.08ポイント上回り、前年より前進したことはたしかであったが、その上昇もきわめてわずかであり、また定期昇給基準の2%にはいぜんとして届いていなかった。この賃金で、産業別にみると2%基準を越えていたのは、自動車、電機、機械とサービス業だった。国民春闘共闘傘下でも妥結額・率は前年を上回ったが、それもごくわずかにとどまったことでは、連合傘下の場合と共通していた。

　おなじ厚生労働省調査によると、一時金妥結状況は、サービス業のように前年より金額が減少した産業と、鉄鋼のように12%と大幅に増加した産業に分かれた。これは、基本賃金を重視するか、業

績重視で一時金を重視するか、によって分かれたことを意味した。

　連合が新たに設置したパート共闘では、参加した218組合の平均で、11.0円だったが、これは集計組合数の圧倒的な部分がUIゼンセン同盟傘下の組合だったため、同産別の平均に近接するものとなった。参加組合数が少ないものの、私鉄総連などでは時間当たり20円と高い賃上げを確保した。

　2007年の春闘も、大きな流れとしては、2006年の傾向を引き継いだ。この年の前半の日本経済は比較的好調で、とくに企業の3月期決算は過去最高を記録した。失業率も、前半期には1997年以来、はじめて4%の水準を下回った。この傾向は同年後半には逆転し、リーマン・ショックによる不況へ突入し、労働運動も新しい対応を求められることになる。

　連合は2007年の春季生活闘争の展開にあたっては、ほぼ前年と同様の方針で臨んだ。すなわち月例賃金の改善を重視して、1%以上の成果配分による労働分配率の改善を要求するとともに、パートなど非正規労働者の格差是正要求を重視した。金属労協も標準労働者の実質賃金引き上げを方針としてかかげた。

　全労連を中心とする国民春闘共闘の方針も基本的には2006年のものを引き継いでいた。

　春闘の組織面での新しい試みは、いわゆる「有志共闘」の成立だった。有志共闘は、金属大手などに依存しないで、自らきっちり交渉する単組の共闘と位置づけられ、相互に連絡をとりながら中小組合の賃上げ指標となる回答をひきだす目的をもつものとされた。参加したのは、フード連合、UIゼンセン同盟、JAM、JSD、JEC連合、紙パ連合の6産別だった。

　2007年3月14日、金属労協大手組合に対して一斉回答が行われた。ベア分で1500円を要求していたトヨタでは1000円の回答だった。電機連合は時間外拒否闘争の回避基準を500円に設定していたが、企業業績に問題のあった日立で500円のほか、大手16組合中、

12 組合が 1000 円の回答を確保した。

　3 月末までにまとめられた有志共闘に登録している 54 組合のベア分の平均は 1040 円とされ、後続の中小企業組合での交渉に積極的な影響を与えるものと期待された。

　厚生労働省調べでは、2007 年の主要企業の定昇込み賃上げ額の平均額、率は 5890 円、1.87% で、前年に引き続き、対前年比で上回ったが、やはり 2% には、到達しなかった。産業別では、自動車、電気機器など金属労協グループに関連する製造業で 2% を超えたほか、卸・小売とサービスで 2% を超えた。卸・小売での賃金上昇には、中小共闘やパート共闘、それに有志共闘などの、共闘体制が一定の効果を及ぼした。交通運輸業では、2000 年代にはいって連年、他産業と比較して賃上げ率は低位にとどまった。パート共闘参加の組合では、連合神奈川の 1 時間当たり 20 円を筆頭に、いずれも 10 円の水準を超え、参加組合のもっとも多い UI ゼンセン同盟では、平均 12.8 円、おなじく参加組合が多く、チェーンストア関連の労働組合を組織している JSD が 13.4 円と、前年に続いて健闘した。

　国民春闘共闘の集計では、加重平均で 2% ギリギリのベアとなり、これも前年よりわずかに高くなったが、企業規模別では、1000 人以上 2.08% に対して 30 〜 99 人規模では 1.77% の増加にとどまり、企業規模間格差は拡大した。

　2006 年と 2007 年の春闘における賃上げでは、わずかではあるが、前年比で賃金の上昇がみられ、とくに企業収益の良い自動車などとは独立して、パート賃金などの上昇がみられたという点では、労働組合にとって明るい材料を提供したかにみえた。連合は、春季生活闘争総括のなかで、連合の方針にわかりづらい点があったなどの課題が残るとしつつも、今後の労働者生活改善への流れを作った、などと評価した。金属労協も、中小労組への支援や非典型労働者の処遇改善などでの成果はまだ不十分としつつも、賃金改善の流れを確かなものにした、と評価した。地域での中小共闘やパート共闘の地

道な発展も評価すべき点であった。

　国民春闘共闘の総括では、パート時給改善などの成果を評価し、共闘参加組合の奮闘ぶりが示されているとした。

　ただ、このような前進面も、前述のようにリーマン・ショックの到来とともに暗転することになる。

◇立ち上がった非正規労働者たち

　非正規雇用労働者の増大は、社会問題となりつつあったが、とくに製造業で解禁された派遣労働者の間では、過酷な労働や日雇い派遣など不安定な雇用問題とともに、業務管理費やデータ装備費といった得体の知れない賃金からの天引き（1回当たり200円）が問題となっていた。

　フルキャストでは、2006年11月にフルキャストユニオンが内勤の正社員とアルバイト、派遣スタッフによって結成された。

　派遣ユニオンのメンバーが現場に入り込んで仕事をするなかで、派遣元正社員の残業代未払い問題の相談を受け、正社員たちが派遣スタッフのひどい労働条件に胸を痛めていたことから、一緒に活動を進めることを決断したからである。

　ユニオンは経営側に対して労組結成を通告すると同時に要求書を提出し、団体交渉が始まった。

　そして、約4カ月間の交渉を経て2007年2月末に労使協定が締結され、その中で、業務管理費などの不当天引きの廃止や日雇い雇用保険への加入のほか、有給休暇の付与、集合時間の強制のとりやめなどの成果を上げた。

　ところが、日雇い雇用保険の適用について、厚労省は日雇い派遣を対象とすることを渋り、ユニオンは厚労省と交渉を行い、ようやく2007年4月に適用されることになる。

　ユニオンは、これらの成果を業界ルールへと広げていくべく、2007年4月からグッドウィルとの団体交渉に踏み切った。

　データ装備費の返還要求に対して、経営側は5月、データ装備費を廃止し、ユニオン組合員（当時7名）に対しては返還すると回答してきた。

　そこでユニオンは翌日からブログを立ち上げ、組合加入の呼びかけを開始し、加入希望者は数日間で150人に達した。

　ところが、5月末の団体交渉で会社側は「データ装備費は返さない（返還は公然化していた7名のみ）」と態度を翻した。これに対してユニオンはネットを通じて労基署への申告を呼びかけ、組合員以外の人も含めて全国各地で申告の運動が広がった。

　そして6月21日、会社側は「データ装備費の2年分の返還」との態度をユニオン側と報道機関に対して示すことになった。

　だが闘いはこれで終わらない。ユニオンは、業務管理費の廃止にとどまっていたフルキャストとの交渉を再開し、経営側から「創業以来の全額返還」の回答を得ることに成功する。すると今度は、グッドウィルを相手に、データ装備費の全額返済を求める集団訴訟を提訴するとともに、厚労省に対して、グッドウィルの違法派遣を告発する交渉を行った。そして2008年1月、厚労省は、グッドウィルに対して、派遣法に基づく事業停止命令を出した。

　日雇い派遣で働くことを余儀なくされてきた労働者たちが、1年余りの闘いで勝ち取った成果だった。

　一方、全労連傘下の首都圏青年ユニオンは、牛丼すき家で働く1万人以上のパート・アルバイトに対して残業代を支払わせる成果を上げた。

◇連合の「STOP！THE 格差社会」キャンペーン

　連合は、2007年の参院選に向けてアピール行動を展開していく。

　2006年のメーデーを起点に、全国431カ所の地域協議会で集会や街頭宣伝活動などを積み上げ、6月に東京国際フォーラムに各地域協議会、地方連合会、産別組織から5000人が集結し、「反転攻勢

！連合 6.15 東京大結集」を開催した。

そして、10月からは「STOP！THE 格差社会」キャンペーンと銘打って、2007年1月から3月にかけて、連合として初めての試みとして市民との対話集会を全国9地方ブロックで開催するなど、7月の参院選に向けたアピール行動を展開した。

2. 労働法制の変化と参議院選挙

◇労働国会

ちょうど2007年春闘が展開されているこの時期、この年の通常国会が開かれていた。2006年9月、長期にわたって市場万能主義型の構造改革を推進してきた小泉内閣は退陣し、安倍晋三内閣が成立した。安倍内閣も市場万能主義を継続しようとしている点では、前内閣と共通していたが、その内閣のもとで、この国会には、雇用対策法改正案、パート労働法改正案、雇用保険法改正案、労働契約法案、労働基準法改正案、最低賃金法改正案の労働問題に関係する6つの法案が政府から提案されていた。このように多くの労働関連法案が審議されるということで、この国会は労働国会ともよばれた。

◇パート労働法の改正

その背景には、小泉構造改革の下で広がっていた格差と貧困の問題があった。

とくに、正規雇用の非正規雇用への代替が進んだことによって、それまでの主婦パートや学生バイトとは異なり、自ら生計を支える非正規雇用労働者が増大し、ワーキングプアが社会問題として浮上していた。

自民党の後藤田労働部会長は、「連合や民主党に代わって自民党が非正規雇用労働者を代弁する」と豪語した。安倍首相は小泉内閣

の官房長官であり、構造改革路線を引き継いでいた反面、政権維持のために部分的な方向転換を余儀なくされていた。そこで登場したのがパート労働法と最低賃金法の改正であった。

パート労働法は、1993年に制定され、その後も改正が行われてきたが、すべて努力義務規定で実効性の乏しいものであった。

2003年にはパート労働法改正に向けた研究会報告がまとめられたが、法制化には経営側の抵抗が強く、その内容は「指針」として出されるにとどまった。

2007年のパート労働法改正の論議は、この「指針」を法律に格上げするものとして進められた。最大の焦点である、正社員との均等待遇について、「指針」はパート労働者をいくつかのタイプに区分けし、正社員とほとんど同じ業務・働き方であるごく一部のパート労働者のみを均等待遇の対象とし、大部分のパート労働者は均衡処遇としていたため、雇用均等分科会で労働側委員は均等待遇や権利確保に向けた実効性の拡大を強く求め、国会審議でも追及が行われたが、法改正には到らなかった。

パート労働者による集会が開かれるなど、緊迫した状況の下で多くの課題を残すことになったが、ごく一部とはいえ均等規定が盛り込まれ、他の課題でもいくつか使用者の措置義務が盛り込まれたという点では一歩前進であった。

◇**最低賃金法の改正**

もう一つの焦点である最低賃金法も数十年ぶりの改正となるものであった。

日本の最低賃金は、1959年にもともと低い水準からスタートし、1976年の目安制度の導入以降、小規模事業場の賃金改定調査結果をほぼそのまま踏襲して4つのランクに分けられた都道府県ごとの引き上げ幅の目安を示すというやり方で推移してきたもので、最低賃金の絶対水準のあり方についてはほとんど論議の対象とはなって

こなかった。

しかし、ワーキングプアの広がりの下で最低賃金の水準が問題となり、例えば最低賃金が生活保護水準より低くていいのか、といった話題がマスコミでも取り上げられる事態となった。

連合をはじめ各労働組合も、最低賃金の引き上げ要求を前面に掲げるようになっていたが、政府は2007年3月、厚労省の最低賃金審議会とは別に、内閣府の下に公労使で構成する成長力底上げ円卓会議を設置し、そこで最低賃金法の改正が審議された。

労働側は、当面の最低賃金の水準として、一般労働者賃金の二分の一水準や高卒初任給水準などを主張したが、結果的に、最低賃金の決定要素に「生活保護との整合性」が追加されることになり、これを受けた同年の最低賃金の改定においては、これまでの引き上げ幅を大きく上回る目安が示された。

最低賃金の決定が、小規模事業場の賃金改定調査結果にとらわれず、それを上回るという傾向は、その後も続いている。

最低賃金をめぐる議論が上げ幅から水準をめぐるものとなったことは前進といえるが、その水準は、各労働団体が当面の目標として掲げた時給1000円にいまだ到達しておらず、国際的にも低い水準にとどまっていることは無視できない。

◇**労働時間法制と労働者派遣法**

他方、規制緩和の流れを汲むものとして大きな問題となったのは、労働基準法改正案だった。国会への提案にさきだって、労働政策審議会に諮問された法案要綱には、「自己管理型労働制」という名称で、いわゆるホワイトカラー・エグゼンプションが盛り込まれていた。「自己管理型労働制」という名称は、法案要綱になる以前には、「自由度の高い働き方にふさわしい制度」とされており、要するに、一定の労働者層を労働時間管理の対象からはずすことを目的としていた。同様に、法案要綱のなかに盛り込まれていた企画業

務型裁量労働制も労働時間規制から外すことを目的としたもので、この点もホワイトカラー・エグゼンプションの一環だった。

　安倍内閣のもとで設置されていた規制改革会議は「現在の労働法制は労働者保護の色彩が強いため、企業の正規雇用の敬遠・非正規雇用の増大をもたらしている」という趣旨を内容とする意見書を提出しており、労働法制にかかわる規制緩和の推進を強くうちだしていた。ホワイトカラー・エグゼンプションはその目玉ともいえるものであった。

　ホワイトカラー・エグゼンプションについては、連合が出身の労働政策審議会委員をつうじて強力な反対意見を表明したり、前年末にはゼネラルアクション型の集会や大衆行動を組織するなどで反対行動を強めていた。

　こうした内容を含む労働基準法改正法案の国会提出にあたっては与党の公明党からも異論がだされ、自己管理型労働制と裁量労働の緩和の部分を削除したものが提出された。しかし、提出された労働基準法改正案のなかには、残業についての割増率の改定という問題が含まれていた。政府原案では、1カ月80時間以上の残業を課した場合には、従来の一律25%以上に代えて50%以上を支払わなければならない、という内容だった。80時間という水準は、厚生労働省が定めている過労死基準とおなじであり、これを認めるのは、過労死を認めるに等しい、ということで連合はじめ労働組合などから猛烈な批判が起きた。

　こうした意向を受けて、国会内でも民主党が法案成立阻止に積極的に行動し、この通常国会では継続審議となり、次項でみる参議院選挙のあとに招集された臨時国会でもさらに継続審議となった。

　労働契約法については、連合独自の労働契約法構想を提起していた。その主旨は、日本の労働契約関係は、判例法理でルールが形成されているのが特色であるが、労働契約の実体的ルールを立法化すべきというものであった。厚生労働省も、同法の制定にのりだし、

労働政策審議会に法案要綱を諮問した。法案要綱の趣旨は、労働契約の内容が基本的には就業規則によって与えられるということであり、その就業規則は使用者側が一方的に変更できるという点にあった。この点に配慮した政府側は、国会に提出した法案においては、就業規則の変更においては労働者との合意がない場合には、労働者側に不利益となる労働条件を変更することはできないとする、原則規定をおくこととした。ただその一方で、変更内容が合理的で、かつ労働者に周知が行われた場合には、労働者側の同意が得られなくとも経営者が就業規則の変更を行いうるとする例外規定も付加されていた。

これに対して、連合の古賀事務局長は、労働条件の不利益変更については判例に沿って処理できるようになったと、一定程度評価しつつ、なお、就業形態の多様化には十分対応できるものとはなっていない、などと批判した。

全労連は、労働者側の同意のない不利益変更は許すべきではなく、原則規定だけをおくべきだと主張し、連合よりもより強力に反対した。

同法案に対しては、民主党が連合などの意向を受けて修正案を提出するなど、審議は難航し、通常国会では継続審議となり、2007年11月、参議院選挙後の臨時国会で成立した。成立にあたっては、民主党の修正要求の一部を盛り込み、第1条の文言を、原案では労働契約と就業規則等との関係と狭く規定していたのに対し、「その他労働契約に関する基本的事項」と広く労働契約にかかわる諸条件を規定するものに修正した。さらに「均衡考慮」「仕事と生活の調和」などの文言も追加された。こうした修正の背景には、連合が支援する民主党の躍進が反映していた。連合古賀事務局長は、まだ不十分な点はあるとしつつも、成立については評価する談話を発表した。

全労連はなお、同法は、いぜんとして、経営者側の就業規則変更

権のもとでの労働条件の不利益変更という趣旨は失っていない、とする見解を発表した。

　なお、この労働国会では、連合が求めていた労働者派遣法の改正については、政府からの提案は行われなかった。当時、人手不足感が高まるなかで、一部の企業で非正規社員の正規化の動きがあり、金融機関の一部では派遣労働者の正社員化も進行したが、他方では人材派遣業者では、日雇い派遣が急増し、賃金の違法天引きや二重派遣、禁止業務への派遣などが相次いでいた。

　ややのちの2007年秋には、私鉄総連が秋闘要求のなかに、非正規雇用労働者の正規従業員化をかかげ、争議行為も行い、一部に成果をあげた。自治労でも秋の賃金確定闘争の一環として偽装請負が蔓延しているとして、安定雇用と待遇改善を求める非常勤職員の決起集会を各地で実施した。

　連合外では、全建総連と全国港湾が日本人材派遣協会に違法派遣撲滅の要請行動を展開した。全労連加盟のINIUに加盟する光洋シーリングテクノで、偽装請負を告発し、該当者が期間工として採用されたあと、さらに正社員化を実現するためストライキを構え、その実現をかちとった。

　派遣問題は、政府のなかでも参議院選挙後に論議されることになるが、その後の労働問題のなかでは最大のものとなっていく。その具体的な展開例が2007年をつうじて、大きな拡がりをみせていた。

◇ **2007年参議院選挙と与野党逆転**

　通常国会が閉会したあと、参議院の通常選挙が行われた。安倍内閣のもとでは、さきの労働国会に示されるような労働関連の改革のほか、防衛庁の防衛省への昇格や教育基本法の改正が行われ、また改憲を具体化するための有識者懇談会の設置や国民投票法の制定の動きが急速に進められた。

　一方では、安倍内閣では、さまざまな不祥事がつぎつぎと浮上し

ていた。そのもっとも大きな問題は、社会保険庁を日本年金機構に改変するための法案審議の過程で浮上した「消えた年金」問題だった。これは前年から民主党議員によって追及されていたもので、誰の受給権かわからない年金積立金や年金保険料を支払ったにもかかわらず、その記録が失われている件数が数千万件にのぼっていることが明らかになった。「消えた年金」については年金時効特例法を制定し、社会保険庁が調査を行ったが、1000万件以上が特定されないまま残された。

　閣僚の不祥事も相次いだ。1月には柳沢伯夫厚生労働相が「女性は子どもを生む機械」とする発言をし、6月には久間章生防衛相が広島・長崎への原爆投下について「しようがない」と述べて、いずれも辞任した。5月には松岡利勝農林水産相がカネの問題を追及されて自殺した。

　連合は、この参議院選挙を政権交代の足掛かりとして早くから、民主党との協力関係の強化につとめた。髙木会長が就任した時点では、民主党の前原誠司代表が、持論である労組依存からの脱却を唱えたことから、連合との関係はぎくしゃくしていたが、いわゆる偽メール問題の責任をとって2006年3月に前原執行部が退陣し、かわって就任した小沢一郎代表は、連合との関係を重視したため、両者の関係は緊密化していた。

　2006年10月には、連合と民主党は「ともに生きる社会をつくる」とするタイトルをもつ宣言に調印した。この宣言では公正な市場ルールのもとでまじめに働く人が報われる、質の高い雇用確保、「働き方」で格差が生じない多様な生活様式を可能とする、など7項目にわたる社会の姿と、自ら戦争をおこさず、世界の恒久平和を実現し、国際社会から尊敬されることを内容とする国の姿が示され、そのような社会と国の姿を実現するために「政権交代をめざし、手を携えていく」ことを宣言していた。それ以降、民主党小沢代表は、連合幹部とともに、1人区を中心に、全国をまわり、地方連合会の

リーダーたちとも交流を深めた。

　春季生活闘争の一段落後、選挙活動は本格化した。2007年5月31日、連合は東京で、連合第21回参議院選挙勝利決起集会を開いた。席上、髙木会長は、「与野党を逆転するために不退転の決意で闘い抜く」と決意を表明した。各産別は、投票でそれぞれの産別の組織内あるいは連携する比例区候補者の氏名を書くよう、組合員に働きかけることに全力をあげた。地方連合会は、とくに非大都市部の1人区で、民主党公認や無所属で立候補している野党の統一候補の当選のために、全力をつくしていた。民主党の小沢代表も、こうした地方連合会の活動に呼応するかたちで、主として農村部での遊説活動に力を注いだ。

　2007年7月29日、参議院選挙の投開票が行われた。開票結果は劇的だった。民主党は、改選議席121のうち選挙区40、比例区20を合わせて60議席を確保した。非改選とあわせると、新勢力は109議席となった。選挙協力の対象となった社民党、国民新党、無所属の当選者数とあわせると、議席総数は参議院の議席総数の過半数を確保した。自民党は、37にとどまって総議席83となった。もう1つの与党である公明党も議席を減らして9人の当選にとどまり、非改選議席を含めて、定員242名のうち両党合わせて103議席にとどまり、民主党単独の議席数109議席にも届かなかった。

　決定的ともいえる自民党の敗北、民主党の勝利には、2つの要因があった。1つは、1人区において野党間の協力が大きく作用したことであった。1人区の29選挙区のうち、25選挙区で、民主党を中心とした選挙協力が行われた。野党共闘のうち、もっとも多く協力が行われた政党は国民新党であった。同党は、小泉内閣の郵政民営化に反対した亀井静香らのグループが結成した政党で、市場原理主義に反対し、公共投資の積極的推進をかかげていた。ただ、選択的夫婦別姓などには反対し、愛国心と伝統的文化を尊重する、とした点では保守主義の性格を明確にもっていた。

このように、連合でいえば、髙木会長・古賀事務局長の体制の前半期にあたる 2006 ～ 2007 年の時期には、春季生活闘争における賃上げ闘争にみられるように労働組合の内向的な活動においてはいぜんとしていわば縮み志向が支配的であったのに対して、民主党の躍進を含む外延的な活動面では積極的な動きが示されていた。そのような連合を軸とする労働運動には、この直後に 2008 年のリーマン・ショックと 2009 年の民主党政権の出現という 2 つの大変動があるが、その「ものがたり」は、つぎの巻の主要なテーマとなる。

終　章 | 社会運動の広がりから政権交代へ

年越し派遣村（2008 年 12 月 31 日〜 2009 年 1 月 5 日、東京・日比谷公園）

◇連合大会と非正規労働センター設置

　連合は、2007 年 10 月に開催した定期大会で、髙木会長・古賀事務局長を再選し、「すべての働く者の連帯で、ともに働き暮らす社会をつくろう」を総論として「組織拡大、連帯活動の取り組みの推進と社会的影響力がある労働運動の展開」「くらしの安心と社会的公正を確立する政策・制度の実現」「男女平等・均等待遇の実現に向けた平等参画の強化」など新運動方針を決定した。

　併せて、連合本部に非正規労働センターを設置した。

　その背景には、非正規労働問題が深刻な社会問題となる一方、前述の派遣労働者や、生活苦や住居問題に直面する人たちなどの当事

者の声や運動の広がりがあった。

　連合内では、非正規雇用問題について、各産別組合の取り組みは必ずしも、まだ十分とは言えないが、ナショナルセンターとしての最優先課題であるとの認識が共有されていた。非正規労働センター設置の方針は組織局を中心に準備され、社会的な広がりをめざすために当初は連合本部の外部に設置することが検討されていたが、結局、連合事務局内に設置することとなった（非正規労働センターという呼称は社会的な問題提起のためにあえて選択された）。

　非正規労働センターでは、連合の組織内対策と組織外対策の二つのセクションを置き、これまで進めてきたパート労働対策をさらに強化するとともに、さまざまなNPOなど社会運動との連携を深めていった。

　また、全国46の地方連合会においても非正規労働センターを設置し、後述する地方労福協と連携しながら地域独自の活動を展開していった。例えば、連合九州ブロックは、各県をつなぐ非正規雇用キャラバンを実施した。

　一方、全労連は、2008年7月に非正規労働センターを設置し、最低賃金引き上げ、パート労働法の抜本改正などの方針を掲げた。

◇パート労働者などの組織化

　この時期に、パート労働者の組織化を精力的に展開していたのがUIゼンセン同盟である。

UIゼンセン同盟の組織化状況　　　　　　　　　　　　　　　　　（人）

	正社員	短時間	計
2004年9月	582,123	244,003	826,126
2005年9月	572,269	290,054	862,323
2006年9月	562,009	385,850	947,859
2007年9月	589,021	413,223	1,002,244
2008年9月	576,409	460,459	1,036,868

　このように、正社員の組合員数が横ばい、年によっては減少するなかで、短時間労働者の組織化は着実に成果を上げていた。

　こうした取り組みの背景には、現場において基幹労働者がパート労働者に置き換わる職場も散見されるようになり、正社員だけの労働組合では、職場の過半数代表を維持し切れないという事情もあった。

　もともと正社員で組織される労働組合が職場の過半数を占めていれば、経営側とユニオンショップ協定を締結することで未加盟だったパート労働者も組織化することが可能になるが、未組織のパート労働者が多数を占めている職場ではそうはいかない。

　UIゼンセン同盟は、小売専門店（ドラッグストア、フード産業など）をはじめ、各店舗に正社員が一人しかいない職場では、店長会議などの場を通じてまず店長たちを組織化し、次いで契約労働時間の長いパート労働者たちから労組加入の働きかけを行い、組合員が過半数に達すると、経営側との間にユニオンショップ協定を締結する、という取り組みを積み重ねていった。その際、組合づくりを通じパート労働者への相談機能やパートの定着効果など、経営側の理解を求めていった。

　一方、非正規雇用の増大は全国の自治体でも進行し、基幹的な仕事も担うようになってきたことから、自治労は、臨時職員・非常勤職員の組織化の取り組みを強化した。

　また、組織拡大の動きは地方連合会でも進展し、中小企業や非正規で働く労働者など、個人加盟の地域ユニオンの加盟人員は増加傾向を示していた。

　＜地域ユニオン加盟人員＞

　　2003 年　　8816 人

　　2005 年　　11788 人

　　2007 年　　13912 人

　　2009 年　　13372 人

連合の地域ユニオンに限らず、個人加盟ユニオンは、相談者の問題が解決すると組合から離れる傾向が指摘されてきたが、この時期には以前と比べ定着する割合が増え、労働組合の問題解決機能だけでなく、孤立した労働者にとっての「居場所」としての役割も期待されるようになっていた。

◇反貧困ネットワークの結成

　社会運動全体を見渡すと、この時期に特徴的なことは、各課題に取り組むさまざまな運動の相互の連携が深まったことである。

　非正規労働者の解雇に伴って、路上生活やネットカフェでの寝泊まりを余儀なくされる事態は、もはや労働問題を超えた社会問題となっており、マスコミも「ワーキングプア」の深刻さを大きく報じた。

　こうしたなかで2007年3月に準備会を立ち上げた「反貧困ネットワーク」は、シンポジウムの開催を経て、同年秋に正式に結成された。

　これは、個人参加によるネットワークであったが、貧困問題に直面する当事者が参加するさまざまなグループや労働組合、弁護士たちが、その活動分野の枠を超え、また労働団体の枠を超えてヨコにつながった点で画期的なものであった。とくに、それまではすでに克服されたと考えられていた貧困という問題を前面に押し出し、対策の必要性を訴えたことは社会全体に大きなインパクトを与えた。

　反貧困ネットワークは、2008年3月に第1回反貧困フェスタを開催し、連合など労働組合も会場内にブースを設けた。

　労福協も、すでに各地で独自の取り組みを進めていたが、中央労福協では2008年5月に生活底上げ会議を立ち上げ、分野を超えた連携の強化に乗り出していた。

　労福協と生活保護問題対策全国会議は、生活保護基準の切り下げ阻止、最低賃金底上げを掲げて2008年7月から東西2ルートに分

かれて「反貧困全国キャラバン」を実施し、10月19日に東京・明
治公園に集結した。

◇リーマン・ショックと派遣切り

　こうしたなかで2008年6月に起こった東京・秋葉原の無差別殺
傷事件は、「派遣社員」による犯行と報じられ、大きなセンセーシ
ョンを巻き起こした。

　ここから日雇い派遣の禁止に向けた労働者派遣法改正の動きが始
まり、厚生労働省における審議会の議論と並行して、各労働組合に
よる行動も展開されていった。

　そして2008年9月、決定的ともいえる事態が世界を震撼させる。
米国リーマン・ブラザーズの経営破綻に端を発したリーマン・ショ
ックである。日本国内の失業率は、2008年の4.0%から2009年の
5.1%へと急激に悪化し、2009年7月には5.6%［修正値］と過去
最悪を記録した（ただし、その後は改善し、2009年の数値は2002年の
5.4%を下回った）。

　輸出を主軸とする製造業は、軒並み減産体制に入り、とくに派遣
労働者の解雇・雇い止め、いわゆる「派遣切り」が横行することに
なった。

　各労働組合が実施した労働相談には、悲鳴のような相談が殺到し
た。全国ユニオンが11月29、30日に全国で実施した「派遣切りホ
ットライン」には472件もの相談が殺到した。

　多くの派遣労働者は、有効求人倍率の低い地域から掻き集められ
れ、勤務先に近いワンルーム・マンションを 「寮」として又貸し
されていたが、解雇に伴ってこの住まいを失うため、様々な事情で
実家に戻れない人たちは、立ち所にホームレス化することとなっ
た。これは、これまでの失業問題にはみられなかった新たな事態
であり、しかも先進国といわれる国で起きていることに衝撃が走っ
た。

◇年越し派遣村

　こうした労働者たちの年末・年始対策をどうするか—それが、各支援グループや労働組合が相談対応に追われるなかで突きつけられた課題だった。

　そこで実施されたのが、東京・日比谷公園の敷地内に開設された「年越し派遣村」である。これは、個人参加の実行委員会の主催によるもので、わずか2週間足らずの準備で、相談コーナー、炊き出し、宿泊用の特設テントなどが用意され、生活保護申請や再就職に向けた支援活動も行われた。ここには、かねてから活動に携わっていた日弁連・貧困対策本部や労働弁護団の弁護士たちも参加していたが、その活動はその後さらに活性化していくことになる。

　2008年の大晦日に〝開村〟し、マスコミが大きく報じたこともあって、6日間で支援を求めてきた労働者は約500人。ボランティアとして参加した人は、のべ2000人に達した。宿泊用のテントはまもなく溢れてしまい、交渉を通じて厚生労働省の講堂を使用することになった。

　連合では、この取り組みへの関与をめぐって内部で議論があったが、全国ユニオンの支援活動として本部事務局が活動に加わることになり、年明けには髙木会長も会場に姿をみせ挨拶を行った。

　ここに参加した労働組合は、労働組合加入や労使交渉などでの対策を念頭に置いていたが、大多数の相談者はすでに職場を追われてしまって交渉の余地がなく、また雇用保険にも加入していないことから、結果的に生活保護申請に向かわざるを得ない人も少なくなかった。中には、所持金を使い果たして遠方からすがるように辿り着いた人もいた。

　この数日間の取り組みは、日本全体からすればごく限られた活動であったが、現代における貧困の実態と深刻さが改めて「可視化」されることになり、同様の活動は全国各地に広がっていった。

◇景気悪化とベア見送りの広がり

　リーマン・ショックに端を発する世界金融危機の影響は、当然のことながら日本経済全体に及んだ。

　2008 年 10 〜 12 月期と、2009 年 1 〜 3 月期の実質 GDP は、対前年同期比でそれぞれ -10.2%、-11.9% と、二期連続の減少となり、二桁のマイナスは第一次石油ショック以来 35 年ぶりとなった。

　とくに輸出産業に与えた打撃は大きく、自動車、電機の各企業は2009 年 3 月期決算で、軒並み大幅な赤字を計上した。

　この間、格差是正と底上げを掲げてきた連合は、2008 春闘で「不十分な結果」と総括せざるを得なかったが、2009 春闘でさらに厳しい状況に直面することになった。

　雇用不安が正社員にも及んだこともあり、ベースアップを見送る企業が続出し、電機大手企業の中には、定期昇給を凍結するところもあった。

　また最低賃金については、厳しい状況下で 2009 年 7 月に開かれた中央最低賃金審議会は、各ランクごとの目安を提示することができず、生活保護水準を下回る 12 都道府県についてその乖離額を示すにとどまった。2007 年、2008 年と、内閣府に設けられた成長力底上げ円卓会議が主導した最低賃金大幅引き上げの流れは、ここで一旦頓挫することになる。

◇地域に広がる支援活動

　こうした厳しい状況のなかでも、格差と貧困に直面する人たちに対する支援の取り組みは、全国各地で展開されていた。

　連合は 2009 年 3 月、雇用と就労・自立支援のためのカンパ（トブ太カンパ）の実施を決定した。これは、一般的な生活支援ではなく、就労と自立支援に焦点を当てたカンパ活動であった。

　その背景にあるのは、連合は政府に対して制度の整備を要求していたが、その実施には時間を要し、しかもその制度からこぼれ落ち

てしまう労働者が数多く出てくるという認識であり、他方で、当時政府が強行しようとしていた全国民を対象とした定額給付金に代わって、本当に困っている人を対象とする自立支援事業に充てようという狙いもあった。だが、それら以上に、労働組合や労働福祉団体には自らできる活動、しなければならない活動があるという「自主福祉」の考え方があった。

　発起人には、連合、中央労福協、労金協会、全労済、各産別組織、各地方連合会、退職者連合の代表のほか、反貧困ネットワークの宇都宮健児弁護士、経済アナリストの森永卓郎氏らが名を連ねた。

　カンパは最終的に約6億円に達し、各地域のライフサポートセンターやNPOが実施している事業などに活用されることとなった。

　その助成対象となったのは、例えば次のような事業である。

・奈良県労福協さくら倶楽部＝障がい者就労支援事業

　解雇された障がい者を雇用するとともに、商品納入先の障がい者作業所を借り上げ、施設・作業所内の雇用を増やす。

・徳島県労福協・連合徳島＝能力開発事業

　ジョブとくしま無料職業紹介所と協力して、ジョブサポート講座を実施する。

・連合北海道＝シェルター事業

　失職し住居を失った人たちに再就職までの一時的な住まいを提供する（さっぽろ駆け込み寺・本願寺札幌別院）。

・埼玉労福協・連合埼玉＝シェルター事業

　解雇され住まいを失った労働者に対する宿泊先提供と、NPOや弁護士との連携による生活安定融資・生活保護申請、就労支援など就労と自立に向けた支援を行う。

・ライフサポートセンター静岡・連合静岡＝シェルター事業

　　相談業務の連携によって、労働相談のなかで生活保護が必要とされる労働者に対して、制度の理解とスムーズな申請手続きができるよう支援する。

・連合栃木＝シェルター事業

　　解雇され住居を失った労働者に対して、住まいを臨時的に提供し、就職支援を行う。

・連合東京＝就労支援事業

　　離職者に対する就労支援活動と総合生活相談活動を行う。

・広島県労福協＝就労・生活支援事業

　　生活保護や雇用保険などの受給待ちや、就職活動中の労働者を対象とした住居提供や生活支援事業を行う。

◇ 「第二のセーフティネット」に向けて

　　派遣切りで顕在化したような、職を失うと住まいも失い生活保護給付に頼らざるを得ないという事態は、制度的な新たなセーフティネットの必要性を痛感させた。

　　新たなセーフティネットについては、すでに 2006 年に全国知事会も提起していたが、連合も 2007 年の中央委員会で、雇用保険・社会保険と生活保護の間に位置する「第二のセーフティネット」として、職業訓練受講を前提とした就労・生活支援給付制度の創設を提起し政府に対する要請を行っていた。

　　この提起に対して当初は消極的だった厚生労働省も、リーマン・ショック後の事態を受け、既存の制度を活用した職業訓練期間中の月 10 万円の融資制度を 2008 年度補正予算に盛り込むこととした。しかし、連合はさらに政府へ働きかけを行い、2009 年の政労使合意を経て、緊急人材育成就職支援金（月 10 万円）の支給（上限 3 年）の創設と、就職活動を行う離職者に対する住宅手当の創設が 2009年度の第一次補正予算に盛り込まれることとなった。

第二のセーフティネットの恒久化に向けて、連合は引き続き取り組みをすすめ、2009 年 8 月の衆院選に際しての民主党のマニフェストにも盛り込まれた。

◇政権交代の実現

　格差と貧困が政治問題として浮上してくる一方で、衆議院議員の任期切れが控えていることもあり、いつあってもおかしくない衆院選に向け、連合は「STOP！THE 格差社会」キャンペーン第 2 弾の活動を進めた。それは、単なる世論喚起ではなく、全国各地の労働相談・生活相談、それを受けた問題解決や支援の活動、労働組合の組織化に向けた活動などと一体のものとして取り組まれた。

　6 月 11 日には、G8 労働大臣会合が新潟市で開催されたが、その前日に連合本部と連合新潟の共催で「ディーセントワークを求めて」と題するシンポジウムを開催した。ガイ・ライダー ITUC 書記長とジョン・エバンス OECD-TUAC 事務局長が講演を行い、貧困をもたらした雇用形態の構造的な改革と国際連帯の必要性を訴えた。

　麻生内閣の支持率が 10% 台に低落するなかで衆議院が 7 月に解散すると、民主党は「政権交代」を前面に掲げて選挙戦に臨んだ。

　8 月 30 日に行われた第 45 回衆議院議員選挙は、民主党が 308 議席（183 議席増）、自民党が 119 議席（181 議席減）と、民主党の地滑り的勝利に終わり、歴史的な政権交代が実現することになった。

　これは、2007 年の参院選の流れを引き継いだものと考えられ、90 年代後半以来の新自由主義政策の下での公共投資の削減や地域経済の疲弊、農業や地場産業の後退などによって、伝統的な保守支持基盤そのものの衰退を物語るものであった（ただし、この選挙は守旧派とされる麻生内閣の信任投票という性格ももっていたため、この結果には麻生不支持＝小泉支持の要素も一部含まれていた）。

　政権交代の実現によって、新自由主義や市場中心主義に翻弄され

てきた日本の経済社会が「反転」に舵を切り、労働運動や社会運動がさらに活性化し広がりを増していく─誰もがそう予感し期待した瞬間だった。

連合よ、いまこそ労働者を見よ　存在感を高めるには

——日本女子大名誉教授・高木郁朗さんに聞く

高木郁朗さん

連合（日本労働組合総連合会）は、加盟組合員が約700万人。働き手の課題を解決に導くパワーを期待されますが、近年なかなか存在感を発揮できません。どうすればよいのか。約30年前に連合が結成された時の経緯にも詳しい日本女子大名誉教授の高木郁朗氏（82）に聞きました。

　——連合は10月にトップが代わりました。会長には女性初、中小企業労組出身としても初の芳野友子氏、実質ナンバー2の事務局長には官公労出身で初の清水秀行氏が就きました。

　「よかったなぁと思います。大企業の労組が中心だったナショナルセンターとは一風ちがった存在感を出せるのではないかと期待しています」
　「連合は、単なる産業別組合（産別）の連合体ではありません。労働者全体の代表組織であるはずです。そこがしっかりしないと存在理由が出てきません」

　——どういうことですか。

　「たとえば春闘です。連合の存在感がなくなったのは、賃金を引

き上げられなくなったからです。ここ数十年、実質的な賃上げができなくて経済大国の地位から滑り落ちてしまいました。労組はそのモメンタム（勢い）をつくらないといけません」

　──近年、賃上げ交渉のリーダー役とされてきたトヨタ労組が会社へのベースアップ要求の水準を非公開にするなど、交渉の仕方が変わりつつあります。

　「トヨタが賃上げを引っ張ってくれないなら、連合が主体となってボトムアップを図る発想がないといけません」
　「それぞれの時代に、大事なテーマとして挙げて対応すべき課題があります。例えば、今なら医療、介護労働者の問題があります」

　──しかし医療、介護労働者の賃金は、医療費、介護保険といった制度に依拠するものです。

　「確かに（医療、介護と直接関係のない）個々の産別では問題にならないかもしれません。でも連合として、大きなテーマを軸にすることはできます」
　「医療・介護労働者の制度労働条件に焦点をおき、連合が対政府交渉に直接乗りだし、それぞれの産別に『ちゃんと協力してください』とお願いする。そうした制度政策闘争と絡んだ賃上げ活動を組織していくべきです」

■政府との過度な協調見直し、賃上げの主体に

　──ここ数年、首相が経済界に賃上げを求める動きが注目を集め、「官製春闘」と言われもしました。

　「政府が『2％の賃上げ』と言って協調するだけなら、労組はいら

なくなります。連合がリーダーシップをとっていかないといけません」

「連合があまりにも政府と協調路線を取りながら政策実現をめざしてきた。いわゆる『インサイダー化』が問題だったと思います。労働者よりも霞が関の方を向き、厚生労働省の審議会に出てくる資料を尊重している。やっぱり労働者の現実を直視して大衆運動を組織する側面もないと、何かを大きく推進できません」

──今回の衆院選の結果をどうみますか。

「ちょっとショックでしたね。でも立憲民主党は出発が『枝野新党』でした。個人政党だったともいえるので、代表が変わるというのは、組織的な新しい政党に生まれ変わるチャンスだとも思います」

■課題をくみ取り、政策実現への司令塔として

──立憲民主党を支持する産別と、国民民主党を支持する産別との意見の食い違いが目立ちます。

「特定の政党を支持しようとすることが、連合の存在意義を失わせています。政治に深入りせず、連合は、労働者の利益を反映できる政策実現の司令塔となっていけばよいのです。まず政策を掲げ、『この指とまれ』というスタンスで、政策が合った上で、来ていただける人（政党）と協力すればいい」

──各産別が自分らの立場だけを考え、まとまりに欠くように見えるときもあります。

「言い過ぎかも知れませんが、政治信条、原発といったテーマで意見が対立するときは、無理にまとまろうと思わないほうがいいのではないでしょうか。対立するテーマはきちんと議論するけれど

も、原則として産別でやってもらう。労組同士がゆるやかに連帯し、労組に入っていない労働者も意識して本気で動いていくのがよいと思います」

「どんな政策を実現したいかで、どの政党を支持するかも各産別に考えてもらえばよいでしょう。ただし、2大政治勢力のような態勢をつくって自公政権と闘い、政権交代をめざす大きな流れは忘れないで欲しい。そこはあまり厳密ではない協定に基づく共同行動をしていくべきです」

———連合が身近な存在であり続けるにはどうすればいいのでしょう。

「例えば、就職氷河期世代の問題があります。なかなか同じ企業で働き続けられないなど、十分な訓練を受けられていないケースもあります。政府の対策も十分に機能していません」

「連合が、日本の労働力のなかでの積極的な位置づけを就職氷河期世代に与えていく政策にもっと関わってよいと思います。僕は、連合の地方組織が、政府の支援も得ながら就職氷河期世代に情報技術を2年学んでもらうようなコミュニティーカレッジをつくるのはどうかと提案しています。社会の役に立っていることを目に見える形で示していくことが、連合の存在感をつくるのです」

◇

たかぎ・いくろう　1961 年に東京大経済学部を卒業後、労組の中央組織で調査活動に携わる。社会党（現・社民党）の労働・社会保障政策づくりにも関わった。71 年に大学教員になり、山形大教授、日本女子大教授などを歴任。労使関係、社会政策が専門。

（聞き手・藤崎麻里／『朝日新聞』デジタル、2021 年 11 月 22 日付より転載）

主要参考文献

1. 基本文献

（全般）

教育文化協会編・高木郁朗監修『日本労働運動史事典』2015 年、明石書店

法政大学大原社会問題研究所『日本労働年鑑（第 69 ～ 79 集）』1999 年～ 2009 年、旬報社

労働省編『資料労働運動史（平成 6 年～平成 10 年）』1998 ～ 2002 年、労務行政研究所

（ナショナルセンター関係）

『全労連 20 年史』2009 年、大月書店

連合『「力と政策」から「力と行動」へ──連合政策・制度 10 年の歩み』1999 年

連合運動史刊行委員会『連合運動史　第 3 巻』2002 年、『連合運動史　第 4 巻』2010 年、教育文化協会

連合総合企画局『語り継ぐ連合運動の原点 1990 年～ 2014 年』2014 年、『同別冊』2015 年、日本労働組合連合会

（産別等の関係）

金属労協『金属労協 50 年史』2015 年

情報労連『情報労連 50 年のあゆみ：感動から結集へ』2012 年

JAM『10 年のあゆみ　JAM 10 周年記念誌』2011 年

電機連合『電機連合 60 年史』2014 年

日教組『日教組 60 年──ゆたかな学びを求めて』2007 年

UI ゼンセン同盟『ゼンセン同盟史　第 12 巻』2003 年

その他産別のホームページ

（その他）

『月刊連合』2000 年～ 2009 年各号

中央労働委員会事務局『労働委員会・命令・裁判例データベース』web.

churoi.go.jp/

『ひろばユニオン』 1999 〜 2009 年各号

2. 関係者著作、口述等

梶本幸治、園田原三、浜谷淳編『村山富市の証言録』2011 年、新生舎出版

山岸章『「連立」仕掛人』1995 年、講談社

同『我かく闘えり』1995 年、朝日新聞社

3. 関係者聞き取りおよび助言

熱田潮（元連合宮崎会長）

生澤千裕（元連合総合局長）

逢見直人（連合顧問）

小栗啓豊（元鉄鋼労連中央執行副委員長）

小島茂（元連合総合局長）

片岡千鶴子（元連合男女平等局長）

河添誠（元首都圏青年ユニオン書記長）

関根秀一郎（派遣ユニオン書記長）

高橋均（元連合副事務局長）

龍井葉二（元連合総合局長）

田村雅宣（元ＵＡゼンセン副書記長）

長谷川裕子（元連合総合局長）

西友労働組合

著　者
高木　郁朗（たかぎ・いくろう）

1939 年生まれ。東京大学経済学部卒業。山形大学教授、日本女子大学教授を歴任。日本女子大学名誉教授。（2022 年逝去）

著　書：『国際労働運動』（日本経済新聞社）、『春闘論』（労働旬報社）、『労働経済と労使関係』（教育文化協会）、『労働者福祉論』（教育文化協会）、『ものがたり現代労働運動史 1』『同 2』（明石書店）等

編　著：『ものがたり戦後労働運動史（全 10 巻）』（教育文化協会）等

監　修：『日本労働運動史事典』（明石書店）、『増補改訂版 共助と連帯——労働者自主福祉の意義と課題』（明石書店）等

訳　書：『OECD 図表でみる世界の社会問題』『同 2』『同 3』『同 4』（明石書店）ほか多数

協　力
公益社団法人 教育文化協会（略称:ILEC〔アイレック〕）

1995 年 12 月、連合、連合構成組織などにより設立。労働教育及び教育文化活動の振興を通じて、勤労者とその家族の学習・文化活動の支援と、時代の要請に応えうる人材の育成を行い、勤労者の福祉の向上および労働運動、社会の健全な発展に寄与することを事業目的としている。

連合新書 23

ものがたり 現代労働運動史 3 1999〜2009——格差拡大から「反転」への予兆

2023 年 7 月 20 日　初版第 1 刷発行

著　者	高　木　郁　朗	
協　力	公益社団法人 教育文化協会	
発行者	大　江　道　雅	
発行所	株式会社明石書店	

〒 101-0021 東京都千代田区外神田 6-9-5
電話　　03（5818）1171
FAX　　03（5818）1174
振替　　00100-7-24505
http://www.akashi.co.jp

装　丁	明石書店デザイン室
Ｄ Ｔ Ｐ	レウム・ノビレ
印　刷	株式会社文化カラー印刷
製　本	協栄製本株式会社

（定価はカバーに表示してあります）　　　　　ISBN978-4-7503-5589-4

図表でみる世界の社会問題4
OECD社会政策指標 貧困・不平等・社会的排除の国際比較
OECD編著　高木郁朗監訳　麻生裕子訳
◎3000円

図表でみる世界の最低生活保障
OECD給付・賃金インディケータ 働くための福祉の国際比較
OECD編著　日本労働組合総連合会（連合）総合政策局訳
◎3800円

国際比較：仕事と家族生活の両立 日本・オーストリア・アイルランド
OECD編著　高木郁朗監訳　麻生裕子・久保田貴美・松信ひろみ訳
◎3800円

社会的企業の主流化 「新しい公共」の担い手として
OECD編著　連合総合生活開発研究所訳
◎3800円

人口減・少子化社会の未来 雇用と生活の質を高める
小峰隆夫、連合総合生活開発研究所編
◎3200円

女性と労働組合 男女平等参画の実践
高木郁朗、連合総合男女平等局編
◎2300円

子どもの福祉を改善する より良い未来に向けた比較実証分析
OECD編著　高木郁朗監訳　熊倉瑞恵・関谷みのぶ・永由裕美訳
◎3800円

メンタルヘルスと仕事：誤解と真実 労働市場は心の病気にどう向き合うべきか
OECD編著　岡部史信、田中香織訳
◎4600円

図表でみる世界の年金
OECD/G20インディケータ（2019年版）
OECD編著　岡部史哉監訳
◎7200円

格差拡大の真実 二極化の要因を解き明かす
経済協力開発機構（OECD）編著　小島克久、金子能宏訳
◎7200円

主観的幸福を測る OECDガイドライン
経済協力開発機構（OECD）編著　桑原進、高橋しのぶ訳
◎5400円

貧困克服への挑戦 構想 グラミン日本
グラミン・アメリカの実践から学ぶ先進国型マイクロファイナンス
菅正広著
◎2400円

最低生活保障と社会扶助基準 先進8ヶ国における決定方式と参照目標
山田篤裕、布川日佐史、『貧困研究』編集委員会編
◎3600円

マルクスと日本人 社会運動からみた戦後日本論
佐藤優、山﨑耕一郎著
◎1400円

資本論と社会主義、そして現代
資本論150年とロシア革命100年
現代社会問題研究会編
◎2200円

差別と資本主義 レイシズム・キャンセルカルチャー！ジェンダー不平等
トマ・ピケティほか著　尾上修悟、伊東未来、眞下弘子、北垣徹訳
◎2700円

〈価格は本体価格です〉

国際比較：仕事と家族生活の両立

OECDベイビー&ボス総合報告書

OECD 編著　高木郁朗 監訳
熊倉瑞恵、関谷みのぶ、永由裕美 訳

◎3800円／A5判／並製

家庭と仕事をどのように両立するか。政策と家族の状況を分析してきたOECDの取り組みの最終報告書。国際比較可能な指標と主要な事実発見にもとづいて、労働市場と家族の形成、税・給付政策、親休暇制度、学童保育支援、職場慣行について詳細に検証する。

アジア太平洋の労働運動

連帯と前進の記録

【連合新書21】

鈴木則之 著

■四六判／並製／288頁　◎2400円

全世界の半数を超える人口を擁し、急速な経済発展を続けているアジア太平洋地域を結ぶ労働運動に関わってきた著者が、その成長の背後に起きている不平等の拡大の中、労働者の権利の保障・経済的公正の実現を目ざしてきた組織活動と今後の課題を報告する。

〈価格は本体価格です〉

日本労働運動史事典

公益社団法人 **教育文化協会** [編]　　**高木郁朗** [監修]

◎B5判／上製／432頁　◎15,000円

明治からの日本の労働運動の歴史について体系的に概観することを目的に、組織、人物、政策、制度、活動など、関連する国際労働運動も含めて約1000項目を収録。相互の関連や背景事情について理解を深めるのに役立つ年表、事項、人名、組織索引をつける。

【項目の例】

人名　赤松克麿／浅沼稲次郎／芦田甚之助／飛鳥田一雄／麻生久／安部磯雄／天池清次／荒畑寒村／市川房枝／市川誠／岩井章／S.＆B.ウェッブ／宇佐美忠信／氏原正治郎／江田三郎／エンゲルス／ロバート・オーウェン／大内兵衛／大河内一男／大杉栄／太田薫／賀川豊彦／片山潜／金正米吉／河上肇／アントニオ・グラムシ／幸徳秋水／サミュエル・ゴンパーズ／西光万吉／堺利彦／向坂逸郎／佐久間貞一／佐々木孝男／笹森清／重枝琢巳／島上善五郎／清水慎三／末弘厳太郎／杉山元治郎／鈴木文治／高木剛　ほか

労働組合・団体　印刷労協／運輸労連／映演労連／NHK労連／沖交労／海員組合／化学総連／活版工組合／紙パ連合／機労／金属労協／金融労連／建設連合／港運同盟／交運労協／航空連合／交総／全日本鉱夫総連合／公労協／国際自由労連／国鉄総連／国労／サービス連合／全自交労連／全信労連／全水道／全生保／全石炭／全繊同盟／ゼンセン同盟／全総／全造船機械／全炭鉱／全逓／全鉄労／総同盟／総評／炭婦協　ほか

争議　尼鋼争議／雨宮製糸スト／岩田屋争議／内灘闘争／宇部争議／王子製紙争議／近江絹糸争議／大阪天満紡績スト／沖電気争議／海員組合人間性回復争議／学テ反対闘争／鐘紡争議／川労協・公害闘争／官営八幡製鉄所争議／韓国スミダ電機争議　ほか

訴訟・裁判　秋田相互銀行事件判決／朝日訴訟／オズボーン判決／川岸工業事件判決／関西電力事件判決／国鉄札幌運転区事件最高裁判決／芝信用金庫事件東京高裁判決／秋北バス事件判決／昭和シェル事件東京高裁判決／新日鐵出向訴訟判決／住友セメント事件判決／セメダイン事件判決／全農林警職法事件判決／タフ・ヴェイル判決　ほか

テーゼ・方針　アナ・ボル論争／教師聖職論／教師の倫理綱領／極東委員会：日本の労働組合に関する16原則／幸徳・田添論争／「職工諸君に寄す」／総退却論／中ソ論争・中ソ対立／統一労働同盟構想／同盟福祉ビジョン／内包・外延論争／日本的組合主義　ほか

〈増補改訂版〉

共助と連帯
労働者自主福祉の意義と課題

高木郁朗 [監修]
教育文化協会、労働者福祉中央協議会 [編]

◎四六判／並製／344頁　◎2,500円

労働組合と労働者自主福祉事業を通じた労働組合員相互の「共助」活動および、労働組合に組織されていない労働者、子ども、高齢者などとの「連帯」が今日の日本社会のなかで重要になっていることを確認し、「福祉社会」を実現するための議論を展開する。

【内容構成)】

序 章　課題と要約

第1章　現代と労働者自主福祉

第2章　労働者自主福祉の担い手
　　　　【第Ⅰ節】労働組合／【第Ⅱ節】労働金庫／【第Ⅲ節】全労済／【第Ⅳ節】生活協同組合／【第Ⅴ節】NPO／【第Ⅵ節】労働者福祉協議会（労福協）

第3章　「共助」から「連帯」へ──日本内外の先駆的事例
　　　　【第Ⅰ節】日本国内の事例／【第Ⅱ節】海外の事例

補 章　労働者自主福祉の歴史

終 章　地域で「新しい公共」を担う──「労働者自主福祉」がめざすもの

コラム
○ 4つの生活資源
○ 労働者自主福祉事業団体に組織する労働組合の連携
○ 労働者自主福祉事業団体に働く労働者の労働組合に求められる役割
○ 一般社団法人ユニバーサル志縁社会創造センターについて
○ 社会的企業の可能な財源
○ ソーシャル・キャピタル

〈価格は本体価格です〉

連合新書

ものがたり
現代労働運動史

【全4巻】
四六判／並製

高木郁朗［著］　（公社）教育文化協会［協力］

世界と日本の激動の中で連合が結成された
1989年以降の日本労働運動の現代史を4分冊
で辿るシリーズ。

第1巻　ものがたり 現代労働運動史
1989〜1993

世界と日本の激動の中で　　　264頁 ◎2300円

第2巻　ものがたり 現代労働運動史
1993〜1999

失われた10年の中で　　　244頁 ◎2300円

第3巻　ものがたり 現代労働運動史
1999〜2009

格差拡大から「反転」への予兆　216頁 ◎2300円

第4巻　ものがたり 現代労働運動史
2009〜

民主党政権の誕生とその後　　続巻、タイトルは仮題

〈価格は本体価格です〉